国家出版基金项目
NATIONAL PUBLICATION FOUNDATION

中国出版家丛书
ZHONGGUO CHUBANJIA CONGSHU

中国出版家

夏丏尊

Zhongguo Chubanjia
Xia Mianzun

柳斌杰 主编　王学斌 著

人民出版社

出版说明

　　出版不仅仅是一个充满竞争的商业领域，同时，它也深深打上了"文化"和"思想"的印记。在这个文化场域中，交织着多种力量的动态关系，通过出版物的呈现和出版活动的开展，描绘了一个时代的文化风貌；而回旋折冲于其间者，则是那些幕后活跃、台前无闻的各类出版人。他们自喻"为他人做嫁衣裳"，事实上，却是国家文化传承和历史记录的主要担当者，有出版发展的参与人和见证者甚至称他们所起的作用为保存民族记忆的千秋大脑。虽然扼据出版要津之地，却少见自家行当的人物传记出版。本丛书是第一次规模化地为这个群体中的杰出者系列立传，从一个人到一群人的出版事功中，折射出近代以降出版业的俯仰变迁，同时也见证着出版参与时代文化思想缔构及其背后深广的社会历史内容。那些曾经彪炳于时的出版人，一方面安身于这个行业，以其敏锐犀利的时代洞察，在市场、经营与创意中躬行实践，标领乃至规划了这个行业的发展，并使之成为国民经济的一个重要门类；另一方面又在"安身"之外，显现出面向社会的公共性关怀与"立命"的超越性关怀，从职业而志业的追求中，服务于民族解放、思想启蒙与文化进步的社会性经营，书写了出版人生的风采、风骨与风流。

本丛书所传写的 50 余位出版人，均为活跃于 20 世纪并已过世的出版前辈。中国古代也曾涌现了陈起、毛晋等出版大家，只是未纳入本书的传主范围。丛书在体例上，有单人独传与多人合传之分，但这并不必然意味着对传主出版贡献及其历史地位的轻重判别，许多情况下的数人合传，乃困于传主史料的阙如而不得已的选择，某些重要出版人如大东书局总经理沈骏声、儿童书局创办人张一渠等，也囿于同样情形而未能列入本丛书的传主名单，殊觉憾事。虽说隐身不等于泯灭，但这个行业固有的幕后特征多少带来了出版人身份上的隐而不显、显而不彰。本丛书的出版，固然是想通过对前辈出版事迹的阐幽发微、立传入史，能让同样为人做嫁衣者的当今出版人不至于觉得气类太孤，内心获得温暖，并昭示后来者在人生目标上，在家国情怀上，在出版境界上，追步于前贤，自觉立起一面促人警醒自鉴的镜子；同时更希望通过一个个传主微历史的场景呈现，让更多的人认识到出版在产业之外，更是一项薪火相传的社会文化事业，它对时代文化的接引与外度，使其成为一种任何人都不可忽视的"势力"，在百余年来的社会发展进程中，发挥了不可替代的作用。

故此，我们推出这套"中国出版家丛书"，以展示中国文化创造者的风采，弘扬他们的优良传统和崇高的职业精神，发掘出版史史料，丰富出版史研究和编辑史研究。

"中国出版家丛书"编辑委员会

人民出版社编辑部

二〇一六年四月

目 录

前　言 001

第一章　新人诞生 001

　　一、求学坎坷 001

　　二、鼎革前后 007

　　三、夏、李厚谊 014

第二章　春晖岁月 020

　　一、五四潮涌 020

　　二、白马湖畔 030

　　三、《爱的教育》 039

　　四、文出平屋 044

　　五、湖上新风 048

第三章　《一般》不一般 054

　　一、立达功勋 054

二、创刊《一般》 057

三、《一般》旨趣 062

四、《一般》不一般 071

五、夏氏烙印 073

六、戛然而止 084

七、投身出版 087

第四章　开明书店的"创世纪" 097

一、"意外"之举 097

二、结缘"开明" 099

三、塑"开明风" 105

四、教育出版 110

五、编译并行 118

六、《文心》天成 129

七、古籍"破冰" 133

第五章　与《中学生》共浮沉 142

一、新的时代 142

二、何以成功 147

三、润物无声 154

四、情真意切 165

第六章　晚境萧然 182

一、南屏岁月 182

二、入狱经历 190

三、三件乐事 192

四、心系书业 196

五、丏翁长逝 203

夏丏尊编辑出版大事年表 209

参考文献 215

后　记 219

前　言

　　现代著名出版家张静庐先生在其自传体作品《在出版界二十年》中，曾将 1925 年至 1927 年称为"新书业的黄金时代"[①]。在那异常热闹的出版年代，开明书店无疑是独树一帜的一支奇兵。它以教材活页、教辅读本、古籍整理、进步小说、《中学生》杂志等一系列极具特色的出版产品引领了潮流，闯出了被当时及后世广泛称道的"开明风"。

　　风范之塑成，风气之引领，自然是众人协力共创之结果，其中核心成员的居间统筹、策划感召之功，亦十分关键。作为开明书店的老板，章锡琛在 1931 年 1 月的《中学生》杂志上发表了一篇追述其个人经历的文章，里面特意写道：

　　　　到民国十五年失业以后，更承许多朋友的帮助，使我有勇气去做出版事业，而且侥幸得免于失败。其中最有力的一人，尤其

---

　　① 　张静庐：《在出版界二十年》，江苏教育出版社 2005 年版，第 86 页。

是夏丏尊先生。①

若将章锡琛比作出版界异军突起的"刘备",那么夏丏尊就是辅佐其打下一片河山的"诸葛亮"。这位"卧龙先生"的性格也更加谦和温良。柯灵曾评价,"夏先生的一生,是淳朴、谦逊而又切实的一生。淳朴中蕴藏厚重,谦逊中包含冲和,而切实使他执着和坚强。他是教育家、文学家和出版家,三者浑然一体,互相映发,互相渗透,共同的基础是对祖国和人民的热爱。他的生活准则,工作和事业,都贯串着这种特质"②。正是凭借这种特质,夏丏尊在多个领域都作出了开创性的贡献。

五四前后,夏丏尊执教浙江第一师范,与陈望道、刘大白声气相求,共同促使新文化之风扬播于江浙教育界;其后,夏丏尊追随经亨颐,在白马湖畔共建春晖中学,推行男女同校新式教育,并与丰子恺、朱自清、朱光潜等人形成了颇有影响的"白马湖文派";20 年代中后期,夏丏尊辗转到上海,与匡互生在上海江湾创建立达学园,并初涉出版界,将《一般》杂志办得有声有色,很不一般,可谓在教育和期刊方面的双重试验;1926 年,夏丏尊正式加盟开明书店,与"开明人"共同开创了稳健踏实的独特作风,影响了几代中国人尤其是青年人,至今仍为读书界所向往。

当然,如果与同时代其他名家相较,教育领域,夏丏尊不及蔡元培、陶行知、蒋梦麟等辈成就卓著;文学造诣,夏丏尊不比朱自清、叶圣陶、沈从文诸位佳作纷呈;出版影响,夏丏尊恐也不如王云五、

---

① 章锡琛:《从商人到商人》,《中学生》1931 年第 11 期。

② 柯灵:《"欲造平淡难"——夏丏尊先生生辰百年祭》,载《白马湖文集》,浙江省上虞市政协文史资料委员会 1993 年版,第 253 页。

邹韬奋、陆费逵那般世人皆知。所以，于教育、于文学、于出版，夏丏尊都不是彼时一等一的人物，不过他却是民国三者兼而有之的凤毛麟角之人。也正因为此等背景与身份，夏丏尊才能培育丰子恺、傅彬然、曹聚仁等一批英才，才能聚集朱自清、朱光潜等形成风格清新脱俗的"白马湖文派"，也才有能力与威望协助章氏兄弟，与叶圣陶、顾均正、宋云彬等俊彦共拓开明书店的出版奇迹。

张静庐就民国出版人的角色有过一番透彻实在的议论："我是个'出版商'，二十年来生活在这圈子里，姑不论对于文化工作须知到如何成绩，对于社会影响达到怎样程度，但是，我是个'出版商'而不是'书商'，希望认识我和不认识我的朋友们对于我有这低限度的了解！这也是'差之毫百谬以千里'的分界线"，毕竟"出版商人似乎还有比钱更重要的意义在这上面"。[①] 这段话移来概括夏丏尊的出版生涯，也十分适用。在他看来，"书业以传达文化，供给精神食粮为职志。书店之业务可分为二部，一是将有价值的著述印制成为书籍，这叫做出版；二是将所印制成的书籍流通开去，供人阅读，这叫做发行。"[②] 由此可见，传播文化，启迪大众，应是夏丏尊从事出版事业的初心所在，这或许也能解释为何他能够召唤如此多的文化人，从而在开明书店形成民国出版界的一个"文化共同体"。

宋代诗人梅尧臣在《读邵不疑学士诗卷》一诗开篇云：

> 作诗无古今，唯造平淡难。
>
> 譬身有两目，了然瞻视端。

---

① 张静庐：《在出版界二十年》，江苏教育出版社 2005 年版，第 136—137 页。

② 夏丏尊：《中国书业的新途径》，浙江人民出版社 1983 年版，第 360 页。

夏丏尊为人平淡质朴，为文真诚清雅。是故与他接触过的人，都称道他的长者之风、君子之道。

温润如玉，润物无声，这便是出版家夏丏尊的特质。

第一章

新人诞生

一、求学坎坷

> 禹湖之稻、后海之棉、雁埠之苞芦、袁镇以西之菽麦，此出产大宗；禽则江鸡野兔，鳞则麦鯿桃鲻，介则团鱼螃蟹，味尤肥美，而他邑或不尽得也。①

此番风光与物产，描绘的正是自古雨水丰沛、土地肥沃的浙江省上虞县崧厦镇。这座典型的江浙小镇位于江涂平原，地势平坦，河流穿过，可谓宝地。

---

① （清）连光枢纂修：《松夏志》卷九，民国二十年（1931）枕湖楼铅印本。

除去自然环境优渥，此地人文之风亦堪称阜盛。小小的一个集镇，宋代出过俞元父子同官学士，明代出过像顾景元、赵宗周这样的武科状元、探花。其余诸如进士、解元之类，更是不胜枚举。

1886 年 6 月 15 日，崧厦镇祝家街一座甚是气派的老宅子里，传出一阵婴儿啼哭声——秀才夏寿恒家的老三诞生了。夏寿恒，号心圃，虽一心读书，但始终未能跨过乡试这一关。他希望这个孩子能够饱读诗书，前程似锦。于是，夏家给这个孩子取名铸，小名钊君、阿钊，初字勉旃。"铸"有陶冶造就之意，"钊"有勉励之意，而"勉旃"代指努力。由此可知，夏家对他寄托了不小的希望。按照上虞本地方言，"勉旃"发音与"丏尊"相近，于是到了清末预备立宪的时候，这个本名叫作夏铸的小伙子，就索性把名字改为"夏丏尊"。

他，就是本书的传主，民国时期著名的出版家、文学家和教育家。

夏家本来家境富裕，衣食无忧，10 岁之前，夏丏尊尚能安心读书。家族对他的定位，也是熟习四书五经，练好八股制艺，从而一朝高中，光耀门楣。然而两件事改变了夏家为其设计好的人生轨迹。

第一件事，1901 年 8 月 29 日，刚刚经历了庚子国变，遭受颠沛流离之苦的慈禧太后痛定思痛，决心改革，在教育和人才选拔方面，废除八股，改以策论取士。自此八股被彻底抛入历史的角落，年仅 15 岁的夏丏尊也只得将传统的应试范本束之高阁，从头学起。

第二件事，则与夏家有关。在八国联军侵华之际，夏家的家境也江河日下，祖业倒闭，几无余产。几个兄弟纷纷赴外地学习经商，家中只剩下夏寿恒、夏丏尊老小二人，终日围绕史记、通鉴、唐诗、宋词、红楼、西游打转转。

世变日亟，且这般清贫度日也绝非长久之计，穷则思变，更何况在当时人眼中唯独追摹西潮才有可能改变命运，正如蒋梦麟所言："由华东沿海输入的西方文化，却是如潮涌至，奔腾澎湃，声势慑人；而且是在短短 50 年之内涌到的。西方文化在法国革命和工业革命之后正是盛极一时，要想吸收这种文化，真像一顿饭要吃下好几天的食物。如果说中国还不至于胀得胃痛难熬，至少已有点感觉不舒服。因此中国一度非常讨厌西方文化，她惧怕它、诅咒它，甚至踢翻饭桌，懊恼万分地离席而去，结果发现饭菜仍从四面八方向她塞过来。中国对西方文化的反感，正像一个人吃得过饱而闹胃痛以后对食物的反感。"① 然而即使反感，也不得不学习，几番思考，夏丏尊打定主意要去沪上求学。经过比较，圣约翰书院要求较高，震旦学院读的是法文，南洋公学为中国人主办，于是夏丏尊就去了入学相对容易且由外国人创办的中西书院。

中西书院由美国监理会传教士林乐知于 1882 年创办，学费每半年 48 元。为了凑齐学费，夏家只得变卖首饰。一学期下来，夏丏尊初步掌握了英文的基本知识以及西方文化的一些内容。可惜后来学费没有着落，难以为继，只得回到上虞镇，自修相关课程。身处风气已开且交通便利的江浙一带，夏丏尊也颇能感受到时代潮流。他从朋友那里借来梁启超主编的《新民丛报》等报纸，从而了解到明末清初江浙的许多名人名著，如黄宗羲的《明夷待访录》、吴梅村的文集及计六奇的《明季北略》，心中的民族主义情绪由此慢慢被激活唤醒。同时，他也通过此报了解了不少西方先进思想。"卢梭、罗兰夫人、马志尼等，都因了《新民丛报》的介绍，在我们的心胸里成了令人神

---

① 蒋梦麟：《西潮·新潮：蒋梦麟回忆录》，新星出版社 2016 年版，第 211 页。

往的理想人物。罗兰夫人的'自由，自由！天下几多罪恶假汝之名以行！'已成了摇笔即来的文章的套语了。"①《新民丛报》的影响在当时青年学子群体中非常普遍。如蒋梦麟就回忆："梁启超的文笔简明、有力、流畅，学生们读来裨益匪浅，我就是千千万万受其影响的学生之一。我认为这位伟大的学者，在介绍现代知识给年轻一代的工作上，其贡献较同时代的任何人为大，他的《新民丛报》是当时每一位渴求新知识的青年的智慧源泉。"②

正是拜特殊时代中西文化融汇所赐，这时夏丏尊的思想已不再是传统士人的状态，而是呈现出了解世界、渴望启蒙的新式知识人气象。

居乡一年后，夏丏尊入学绍兴府学堂。该学堂按照湖广总督张之洞等人所拟《奏定学堂章程》创建，科目有伦理、经学、国文、英文、史学、舆地、算学、格致（包含物理、化学、博物）、体操、测绘等，任课老师中便有后来因刺杀安徽巡抚恩铭而扬名海内外的徐锡麟。正值清末新政与革命博弈争锋之际，加上具有革命思想倾向老师的启发，年仅17岁的夏丏尊心中的革命理念愈发浓烈。可惜，这次读书之旅也仅维持了半年，便因替父亲回家坐馆，再度戛然而止。

蒋梦麟曾说，晚清以来，西潮不断拍岸，西学持续涌入，作为年轻的读书人，不得不面对这一现实，并且不得不去了解、吸收西学的优长之处。当然，直接赴欧美国家留学深造，亲身体验西方文明，对于大多数中国学子而言，并不切合实际，所以他们将目光转向邻邦日

---

① 夏丏尊：《我的中学时代》，《夏丏尊文集》（平屋之辑），浙江人民出版社1983年版，第134页。

② 蒋梦麟：《西潮·新潮：蒋梦麟回忆录》，新星出版社2016年版，第49页。

本。通过日本了解西方，成了彼时很多读书人的首选。毕竟，甲午一战，中国败了，乙巳年（1905），俄国也败了，日本这个当年的小学生摇身一变，成了先生。中国人便怀着这样仇恨与羡慕夹杂的情绪，赴东瀛学习先进的近代文明。

浙江省是当时的留日大省，夏丏尊非常渴望去外面的新世界走一遭。一位长辈从日本法政专业留学归来，说服了夏家。经过一番艰难的东拼西借，终于凑了五百元，夏丏尊冒着经费不足的风险，负笈东瀛，再寻新知。

此次留学，由于经费紧张，夏丏尊为了确保考上，最初几个月特意请了一位日本人教他日文，后进入弘文学院普通科。

通过勤奋有效的自修和在弘文学院的用功，夏丏尊考取了与清政府有合作协议的东京高等工业学校，专业是染织工业，这与其日后的个人发展判若天壤。此处尚需解释的是，在日本，高等学校其实是大学的预科，水平相当于中国的高中。而东京高等工业学校，应该是众多同类学校中实力较强的一所。可惜，夏丏尊入校一载后，又一次辍学。原因还是与钱相关。当时浙江籍学生不断赴日，清政府的经费捉襟见肘，往往不能按时发放。夏丏尊面临着官费不到位，学费乃至生活费没有着落的窘境，况且家中已负债累累，迫于无奈，他只得中途回国，养家糊口，时年 21 岁。多年后夏丏尊回忆："总计我的中学时代，经过许多的周折，东补西凑，断续不成片段。我为了修得区区的中学课程，曾经过不少磨难，空费过长期的光阴。这种困苦的经验，当时不但我个人有过，实可谓是一般的情形。"①

---

① 夏丏尊：《我的中学时代》，《夏丏尊文集》（平屋之辑），浙江人民出版社 1983 年版，第 135 页。

这两年的留学经历，应该说对年轻的夏丏尊影响甚大。第一，零距离接触近现代西方文明，使他的知识结构得到了前所未有的更新，培养了他更为开放的胸怀、宽阔的眼光与综合的判断能力。第二，两年的旅居生活，使他熟练掌握了日语，借助语言打开了一扇了解世界的窗口，掌握了一把进入西方文化宝库的钥匙，可以大量阅读新书、补充新知，形成与时俱进的思想观念。第三，在日学习期间，夏丏尊通过博览群书，明白了译介西方书籍对于启蒙国人思想、普及新知的重要性，这为他后来投身于文学、翻译、出版、教育等事业并在诸领域获得卓越成就奠定了十分重要的基础。

夏丏尊一生优长之处在于善于学习。借用其畏友、同事兼亲家叶圣陶的说法，夏丏尊"没有得到过一张文凭，虽然进过几所学校，还去日本留过学，都没有学到毕业。读过他的作品的人都知道，他知识广博，对某些方面有比较深的见解，还有高超的鉴赏文学和艺术的眼光。所有这些都是他自己学来的，从生活中学，从工作中学，从书本中学，还向交好的朋友学。他这样好学，并没有预先设想要成什么才，更没有成名成家的企图，只是想充实自己的生活，做好本分的工作罢了。我极端赞同他的学习态度，因为那出发点是真诚的——真的要学，而充实生活和做好工作却是没有止境的，所以永远要学。抱着这样的态度学习，一定随时可以学到切实有用的东西"①。

正因为好学与善学，两载日本之行，令夏丏尊获益颇丰，初步完成了从一名传统读书人向近代知识人的转变。

---

① 叶圣陶：《代序》，载夏弘宁：《夏丏尊传》，中国青年出版社 2002 年版，第 3 页。

二、鼎革前后

下笔千言，正桂子香时，槐花黄后；

出门一眺，看西湖月满，东海潮来。

这副楹联乃清中期学者兼显宦阮元所撰，当时他任浙江学政，为勉励此地学子潜心读书，特题此联于杭州贡院门口。

1906 年，浙江巡抚张曾扬奏准设立浙江官立两级师范学堂，选址就在旧贡院。根据当时学制，师范有优、初二级，优级培养中学师资，初级培养小学师资，该校二者兼具，所以称之为"两级师范学堂"。1908 年春，夏丏尊应学堂监督沈钧儒的邀请，来该校出任教育科日文翻译员一职。

初来乍到，夏丏尊结识的第一位好友，即日后我国著名的文学家、思想家鲁迅先生。在鲁迅去世后，夏丏尊曾专门撰写《鲁迅翁杂忆》一文，刊登在《文学》杂志上，开篇就提到二人如何结缘及日常的工作情形：

我认识鲁迅翁，还在他没有鲁迅的笔名以前，我和他在杭州两级师范学校相识，晨夕相共者好几年，时候是前清宣统年间。那时他名叫周树人，字豫才，学校里大家叫他周先生。

那时两级师范学校有许多功课是聘用日本人为教师的，教师所编的讲义要人翻译一遍，上课的时候也要有人在旁边翻译。我和周先生在那里所担任的就是这翻译的职务。我担任教育学科方面的翻译，周先生担任生物学科方面的翻译。此时，他还兼任着几点钟的生理卫生的教课。

翻译的职务是劳苦而且难以表现自己的，除了用文字语言传达他人的意思以外，并无任何可以显出才能的地方。周先生在学校里却很受学生尊敬，他所译的讲义就很被人称赞。那时白话文尚未流行，古文的风气尚盛，周先生对于古文的造诣，在当时出版不久的《域外小说集》里已经显出。以那样的精美的文字来译动物植物的讲义，在现在看来似乎是浪费，可是在三十年前重视文章的时代，是很受欢迎的。①

终日相处，夏、周二人逐渐熟稔，相互之间多有启迪。据夏丏尊回忆，鲁迅虽然平时不苟言笑，但在学校却是一个"幽默者"。鲁迅若笑，必定是诙谐的时候。因为他对官场特别厌恶，所以经常模拟官员的习气，引人发笑。

鲁迅对夏丏尊最大的帮助与引导，莫过于在文学的启蒙方面。据夏丏尊回忆：

周先生每夜看书，是同事中最会熬夜的一个。他那时不做小说，文学书是喜欢读的。我那时候读小说，读的以日本人的东西为多，他赠了我一部《域外小说集》，使我眼界为之一广。我在二十岁以前曾也读过西洋小说的译本，如小仲马、狄更斯诸家的作品，都是从林琴南的译本读到过的。《域外小说集》里所收的是比较近代的作品，而且都是短篇，翻译的态度，文章的风格，

---

① 夏丏尊：《鲁迅翁杂忆》，《夏丏尊文集》（平屋之辑），浙江人民出版社1983年版，第241页。

都和我以前所读过的不同。这在我是一种新鲜味。自此以后，我于读日本人的东西以外，又搜罗了许多日本人所译的欧美作品来读，知道的方面比较多起来了。他从五四以来，在文字上，思想上，大大地尽过启蒙的努力。我可以说在三十年前就受他启蒙的一个人，至少在小说的阅读方面。①

鲁迅所赠之书，是在日本神田印刷所个人私印的《域外小说集》，里面所收作品，多是俄国和波兰等东欧国家的近代短篇小说，书中那种亡国悲恸的情绪深深地触动了夏丏尊。夏丏尊在日本学的是工科，但自幼的古文功底又使他对文学充满向往。在鲁迅的引导下，他除了涉猎东瀛作品外，开始大量搜集欧美作品来阅读，知识面以及对世界的了解更加丰富系统。之后夏丏尊投身文学创作、翻译和编辑出版事业，离不开鲁迅当年一份启蒙之功。夏丏尊翻译卢梭的《爱弥儿》，鲁迅也帮他做过校审工作，此文后发表于浙江教育会主办的《教育周报》上。二人译法相较，夏丏尊属于注重译文的可读性，而鲁迅则侧重文章自身的思想性，主张"硬译"。

在浙江两级师范学堂共事期间，夏丏尊与鲁迅还共同抵御教育界保守官僚，获得了在彼时浙江学坛颇为轰动的"木瓜之役"的胜利。

事情的缘由是这样的。1909 年冬，在夏丏尊任职学堂一年半后，原学院监督沈钧儒被选为省谘议局副议长，于是辞掉原职，由浙江巡抚增韫邀请的旧式士人夏震武继任。夏震武在清末官场颇有清誉，以中俄伊犁交涉时弹劾主和派大臣沈桂芬、王文韶、恭亲王奕䜣而博得

---

① 夏丏尊：《鲁迅翁杂忆》，《夏丏尊文集》（平屋之辑），浙江人民出版社 1983 年版，第 242—243 页。

直谏大名。然而在思想理念、知识结构和文化立场上，他仍是拘泥于纲常伦理、四书五经的传统士大夫。而他所要管理的教师和学生，却都是经历过欧风美雨熏染或追慕西方现代文明的新式知识人，一场因理念与利益纠葛而带来的争端不可避免。

夏震武认定这些头无长辫、身着短衣、终日提倡西方学说的老师与学生，就是一批目无朝廷纲纪的乱党，必须整饬。他在给巡抚增韫的信中指斥学堂"积弊已久，前后监督，植党营私，任意靡费，百事败坏"。增韫则允许夏震武辞退其认为不合格与不称职的教师与学生。夏震武把自己摆在了广大师生的对立面。

历来监督到任，都是要遵循礼贤下士的礼数，拜会一下诸位老师，以示尊师重道之风。夏震武不仅不这样做，还提出让所有教师各按品级穿戴礼服（包括红缨帽、硬领、开衩袍、衬衫、外褂、高底缎靴等）追随他在礼堂就位，向"至圣先师"神位行三跪九拜之礼。

无论教员还是学生，自然不吃夏震武这一套，教务长许寿裳径直回复"开学时已拜过孔子，恕不奉陪"。他们集体在会议厅议事，请夏震武出席。夏震武依旧盛气凌人，指责教师们有辱师道，衣衫不整。夏丏尊、鲁迅等人异常气愤，离席而去。夏震武诬告许寿裳等人离经叛道，有辱斯文，请求增韫允许将其赶走，许寿裳带领夏丏尊等进步教师愤然离校。夏震武为推卸责任，竟贴出布告声明学堂提前放假。这招来省城13个学校一致抗议，控告其滥用威权，无视师生权益。

眼见夏震武已失去人心，浙江巡抚、提学使撤销了其监督职务，消弭愈演愈烈的学潮。随后，新任提学使袁嘉谷亲自接手学堂后续事务，聘请一向开明的杭州人孙智敏代理监督，拜会许寿裳等教员，谋划复课事宜。1910年1月中旬，25名抵制夏震武的教员返校复课。

这场风波史称"木瓜之役"，盖因鲁迅、夏丏尊等人以杭州本地话戏称夏震武为"木瓜"。它反映了近代进步思想与传统保守思想之间的斗争。

"木瓜之役"后不久，鲁迅离开浙江两级师范学堂。直到1926年秋，夏丏尊才在上海与他重逢，之后两人不时在开明书店、内山书店相聚，夏丏尊还帮助鲁迅出版了《十竹斋笺谱》一书。

1911年10月10日，武昌起义爆发，全国一片影从相应。11月5日，杭州独立。看着抚台衙门被焚烧的余烬，巡逻的士兵警察们臂上所缠的白布巾，夏丏尊方才有一丝清廷远去、天下光复的感觉。

然而除了剪辫、改历、庆祝、换名目外，似乎杭州还是往日的杭州，百姓还是昔年的百姓，尤其是后来的宋教仁被杀事件，对夏丏尊的刺激颇大，使他深深明白，启蒙民众、走向民主的道路依旧漫长。针对民初的社会状况，夏丏尊曾有过较为全面的反思，还特意撰写了一篇名为《并存和折中》的文章，刊发在1922年5月的《东方杂志》上。他在文章开篇指出：

从小读过《中庸》的中国人，有一种传统的思想和习惯，凡遇正反对的东西，都把他并存起来，或折中起来，意味的有无是不管的。这种怪异的情形，无论何时何地，都可随在发现。

已经有警察了，敲更的更夫依旧在城市存在，地保也仍在各乡镇存在。已经装了电灯了，厅堂中同时还挂着锡制的"满堂红"。剧场已用布景，排着布景的桌椅了，演剧的还坐布景的椅子以外的椅子。已经用白话文了，有的学校同时还教着古文。已经改了阳历了，阴历还在那里被人沿用。已经国体共和了，皇帝还依然坐在北京……这就是所谓并存。

如果真能"并行而不悖"原也不妨。但上面这样的并存，其实都是悖的。中国人在这里有一个很好的方法来掩饰其悖，使人看了好像是不悖的。这方法是什么？就是"巧立名目"。

有了警察以后，地保就改名"乡警"了；行了阳历以后，阴历就名叫"夏正"了；改编新军以后，旧式的防营叫做"警备队"了；明明是一妻一妾，也可以用什么叫做"两头大"的名目来并存；这种事例举不胜举，实在滑稽万分。现在的督军制度，不就是以前的驻防吗？总统不就是以前的皇帝吗？都不是在那里借了巧立的名目，来与"民国"并存的吗？以彼例此，我们实在不能不怀疑了！

由此夏丏尊给出这般评论：

这折中的办法是中国人的长技，凡是外来的东西，一到中国人的手里就都要受一番折中的处分。……

在这并存和折中主义跋扈的中国，是难有彻底的改革，长足的进步的希望的。变法几十年了，成效在哪里？革命以前与革命以后，除一部分的男子剪去发辫，把一面黄龙旗换了五色旗以外，有什么大分别？迁就复迁就，调停复调停，新的不成，旧的不成，即使再经过多少年月，恐怕也不能显著地改易这老大国家的面目吧！

文章末尾，夏丏尊强调要改变这种因循折中的困境，需要依靠"痴呆的人"："社会一般人的心里都认执拗不化的人为痴呆，以模棱两可、不为已甚的人为聪明。……我希望中国有痴呆的人出现！没有释迦、耶稣等类的太痴呆也可以，至少像托尔斯泰、易卜生等类的小痴呆是要几个的！现在把痴呆的易卜生的呆话，来介绍给聪明的同胞们吧：不完全，则宁无！"①

夏丏尊对民国初年诸多乱象的不满，恰说明他的思想是站在新文化人一端的，即希望发动一场彻底、系统的文化启蒙运动，来改变"迁就复迁就，调停复调停"的状况，并且希冀中国当时能出现思想卓越且意志坚定的哲人大家来引领此风潮。

其实，变革也在悄悄进行。1912 年 4 月，浙江两级师范学堂重新开学，进步人士经亨颐出任校长，并改革学堂为浙江省立第一师范学校。经亨颐，字子渊，"性情尤直，刚正不阿，不畏强御"②，他在清末留学日本期间参加同盟会，与廖仲恺、何香凝夫妇结识，并成为儿女亲家。入主浙江一师后，经亨颐提倡"人格教育"，以"勤、慎、诚、恕"四字为校训，以后又进一步提出了"德、智、体、美、群"五育的主张，推行教员专任、学生自治、改授国语与学科制四大改革举措，学校、老师、学生与时俱进，事业蒸蒸日上，一师渐成浙江新文化宣传之翘楚与阵地。

对于夏丏尊个人而言，新的时代开启了。

---

① 夏丏尊：《并存和折中》，《夏丏尊文集》（平屋之辑），浙江人民出版社 1983 年版，第 25—27 页。

② 姜丹书：《我所知道的经亨颐》，载《浙江文史资料选辑》第四辑，中国人民政治协商会议浙江省委员会文史资料研究委员会 1962 年编印，第 74 页。

三、夏、李厚谊

进入民国后不久，夏丏尊人生中的另一位至交来到他的身边，此人就是享誉彼时文化圈的"弘一法师"李叔同。

1912 年秋天，李叔同来校担任音乐、西画教师。自此七年间，夏丏尊与李叔同共同教书，成为知音。二人相差六岁（李叔同年长），李之性格豁达，夏之为人老成，二人气味一致，朝夕相伴。

此时，夏丏尊除任国文教师外，还兼学校舍监一职。有一次，学生宿舍丢了财物，众人猜测是某一学生所为，然而查来查去，却没有确凿的证据。身为舍监，夏丏尊非常郁闷，向李叔同求招。李叔同问："你肯自杀吗？你若出一张布告，说做贼者速来自首，如三日内无自首者，足见舍监诚信未孚，誓一死以殉教育。果能这样，一定可以感动人，一定会有人来自首。这话须说得诚实，三日后如没有人自首，真非自杀不可。否则便无效力。"这话若讲给别人，对方一定认为他是在开玩笑。然而与李叔同熟稔的夏丏尊，则清楚这是他的肺腑之言。不过夏丏尊确实不敢采用这般直接果决的手段，他做了折中，采用了绝食的方式。最终，行窃者受到感化，认识到自己的错误，流泪坦白，发誓痛改前非。这一件事，体现出了夏、李二人不同的性情与处事风格。

舍监是个吃力不讨好的差事，但论及杂务细则，夏丏尊总是身体力行，令人感佩：每晨起铃声一作，他就到宿舍里检查，将未起者一一唤起；晚间自修时，如有人喧闹或干扰他人，便一一制止；熄灯后有学生私点蜡烛，便赶进去将蜡烛没收。严格按律令执守外，有违规者却不记学生的过，有事不告诉校长，单凭自己的一张嘴与一副神情去直面应对。为了能够记得全部学生的长相与背景，他向教务处取了全体学生的相片来，叠放在桌案上，像读认字卡片般不断温习。同时夏丏尊颇努力于教育学的修养，研读教育的论著、宋元明的理学书类，又自己搜集相关青年研究的著述文章。非星期日不出校门，整个身心埋于舍监与授课之职中。据其自述，"自己俨然以教育界的志士自期，而学生之间却与我以各种各样的绰号，据我所知道的，先后有'阎罗'、'鬼王'、'憨大'、'木瓜'几个，此外也许还有更不好听的"。虽如此，"一连做了七八年。到后来什么都很顺手，差不多可以'无为卧治'了"。①

著名的漫画家、散文家丰子恺当时就在浙江第一师范读书，曾受教于夏丏尊与李叔同，而且深受他们两位的影响，他曾为文追忆两位先生不同的教育方式，说夏丏尊与李叔同对学生的态度，完全不同；而学生对他们的敬爱，则完全相同。这两位导师，如同父母一样。李叔同的是"爸爸的教育"，夏丏尊的是"妈妈的教育"。②

民国初年的国文教育，可以说鱼龙混杂。比如有的学生写《西湖游记》，大段采用携酒赋诗等套语，故作高深。夏丏尊认为："现在一般之文学，几无不用'白发三千丈'的笔法。循此以往，文字将失信用，在现世将彼此误解，于后世将不足征信，矫此颓风者，舍吾辈而谁？"③当时师范学校里硕儒云集，有人长于辞章，有人善于义理，有

---

① 夏丏尊：《紧张气氛的回忆》，《夏丏尊文集》（平屋之辑），浙江人民出版社 1983 年版，第 169 页。

② 参见丰子恺：《悼丏师》，载夏弘宁主编：《夏丏尊纪念文集》，浙江省上虞市文学艺术界联合会 2001 年版，第 71—75 页。

③ 夏丏尊：《学斋随想录》，《夏丏尊文集》（平屋之辑），浙江人民出版社 1983 年版，第 319 页。

人精于考据，论起纯粹的学术功底，夏丏尊不及通儒单不厂、词曲家刘毓盘、文字学家徐道政等学坛前辈，但他从学生的实际能力和现实需要出发，从语文教学和最新的文学理论出发，选择适宜学生接受能力和有新式文学特色的篇章，配上他独有的课堂教授方式，效果颇佳。夏丏尊特别注重朗读，要求学生读文章时要读得自然、清晰，反对像以往那些教书先生一般摇头晃脑地拉长调子。当时的教材还没有标点断句，也不分段，他随机安排学生断句通读，讲完一段，再指定另一位学生继续读。在教写作课时，则要求学生必须言之有物，不能无病呻吟。关于写作，他后来总结道：

> 我们写作文字，当然先有读者存在的预想的，所谓好的文字就是使读者容易领略，感动，乐于阅读的文字。……
>
> 要合乎法则的文字，才可以免除疵病。"文如其人"，文字毕竟是一种人格的表现，冷刻的文字，不是浮热的性质的人所模效的，要作细密的文字，先须具备细密的性格。不去从培养本身的知识情感意志着想，一味想从文字上去学习文字，这是一般青年的误解。我愿诸君于学得了文字的法则以后，暂且抛了文字，多去读书，多去体验，努力于自己的修养，勿仅仅拘执了文字，在文字上用浅薄的功夫。[①]

夏丏尊在五四运动之前就提出并推广的语文学习方法，如今看来，同胡适等人倡导的文学"八不主义"颇有异曲同工之妙。经过夏丏尊

[①] 夏丏尊：《关于国文的学习》，《夏丏尊文集》（文心之辑），浙江人民出版社1983年版，第541—543页。

的谆谆教诲，学生们的语文水平突飞猛进，很多人在报刊发表了作品。

教授中文之外，夏丏尊还应部分学生的要求，给大家普及日文。学生中成绩优秀者，有丰子恺、朱文叔、杨贤江等人。

1913 年，浙江第一师范学堂校友会成立，夏丏尊被推选为校友会文艺部部长，组织学生创办《校友会志》。他也常在刊物上发表诗文，比如第 1 期就有他的《学斋随想录》两则：

> 吾人于专门职业以外，当有多方之趣味。军人只知军人之事，商人只知商人之事，彼此谈话至无共通适当之材料，其苦何堪？为将来之教师者宜注意及之。酱之只有酱气者，必非善酱；肉之只有肉气者，必非善肉；教师之只有教师气者，必非善教师也。
>
> 斯世无限之烦恼，可藉美以求暂时之解脱。见佳景美画，闻幽乐良曲，有遄忆名利恩怨者否？①

因笔者所见《校友会志》并不完整，据不完全统计，夏丏尊在执教期间，曾发表如下作品：

序号	卷号	刊发时间	篇名	署名
1	创刊号	1911 年	《学斋随想录》	夏丏尊
2	第 4 期	1911 年	《高阳台》（甲寅重九前夜作）	夏丏尊
3	第 6 期	1911 年	《拟醵资广植花木启》	夏丏尊
4	第 6 期	1911 年	《削竹为菖蒲盆诩其不俗诗以宠之》	夏丏尊
5	第 6 期	1911 年	《金缕曲》（除夜自题小梅花屋图）	夏丏尊

---

① 夏丏尊：《学斋随想录》，《夏丏尊文集》（平屋之辑），浙江人民出版社 1983 年版，第 319 页。

1913 年 5 月，李叔同以浙江省立第一师范学校校友会的名义，创办了我国近代以来最早的艺术教育类校刊——《白阳》。诞生词里，编者写道：

> 技进于道，文以立言。悟灵感物，含思倾妍。水流无影，华落如烟。掇拾群芳，商量一编。维癸丑之暮春，是为《白阳》诞生之年。①

夏丏尊与李叔同一道编辑此刊，还发表了译文《写真帖》（俄契诃夫原作）、两方刻印图及两篇诗作，其一名为《湖上呈哀公》：

> 远峰寒碧夕阳殷，烟翠空冥西子鬟。欲去依依有余恋，晚红新月雾中山。
>
> 数星灯火漾疏村，四起梵钟破暮痕。为向风流李学士，可添画意与诗魂。②

在第一师范期间，最令夏丏尊难忘的是李叔同出家的经过。1916 年，夏丏尊从杂志上看到一篇讲断食的文章，说断食可以治疗许多疾病，使人除旧换新，去恶从善，从体内生出一股力量。文章还特意介绍了具体的操作方法和注意事项。夏丏尊读完，颇有兴趣，便与李叔同分享。后来二人不时谈及此事，都心生"有机会时最好断食来试试"的意思。夏丏尊不过是说说就算了，李叔同则当真了。1917 年阳历

---

① 编者：《白阳诞生词》，《白阳》1913 年诞生号。
② 夏丏尊：《湖上呈哀公》，《白阳》1913 年诞生号。

新年时，他来到杭州虎跑寺，在方丈楼下的屋子里，试验断食 18 天，并且写了《断食日志》，感觉非常好。到了该年下半年，在屋子里供起了佛像，开始试着烧香念佛，并特意买了不少佛经。

之后，李叔同便逐渐走上了出家为僧的道路。等到出家两年后，已改法号为"弘一"的李叔同接受学生楼秋宾的邀请，去富春江畔的新城贝山掩关。师友们闻知一同前往送别。等用完斋饭，弘一法师指着席间的夏丏尊说道："我的出家，大半由于这位夏居士的助缘，此恩永不能忘！"夏丏尊听完面红耳赤，他认为李叔同出家修行了，而自己却仍旧在俗世间醉生梦死，颇有无地自容之感。

临行前，弘一法师写了"珍重"二字赠给夏丏尊，并附有跋语：

> 余居杭九年，与夏子丏尊交最笃，今将如新城掩关，来日茫茫，未知何时再见？书是以贻，感慨系之矣。

第二章

春晖岁月

一、五四潮涌

在浙一师期间，夏丏尊与校长经亨颐同气相求，关系亦是甚好。二人的交往在经亨颐的日记里多有记载。比如1918年4月26日他在日记里写道："二时开教生实习批评会。以修身课应由余主席，诸生所陈尚得体，而以夏丏尊所批评为最有价值，余褒之，勖教生并以勉附校诸教员"[①]；12月21日日记里写道："赓三闻学生背后之谤，要求积极办法。余以为不必计较，对学生无曲

---

① 《经亨颐日记》，浙江古籍出版社1984年版，第62页。

直胜负之可言，仍宜以训谕开导，勿效从前滥用权威，大背教言之本义。而其他职员亦有悻悻者。余故以'人师之患'使若辈反省。唯丏尊与子韶较明事理。今日言教育，难矣哉！"① 由此可以判断，经亨颐与夏丏尊在为人施教方面，理念较为接近，互相较为信任。

1919 年 5 月 4 日，五四运动爆发，风潮很快波及浙江教育界。杭州学生欣然追随北京学生的脚步，开始示威游行，举行集会。5 月 11 日，经亨颐、夏丏尊听闻次日学生要去游行，决定参与。第二天，3000 多人呐喊着"废除二十一条"、"还我青岛，保我山东"等口号，一路走来。经亨颐、夏丏尊、刘大白、陈望道等人登台发表讲演，鼓舞士气，引导舆论，当时杭州报刊将这四位学人称作"五四浙江四杰"。夏丏尊特意撰写《一九一九年的回顾》，热情洋溢地赞美这伟大的历史时刻：

> 一九一九年中所经过的事故，在政治、经济、社会、思想、生活各方面，都受着一种空前的刺激，而且这种刺激，无论哪一民族哪一国家，直接或间接的多少也都受着一点。这一年对将来的关系实在不小。有人说，"一九一九年的一年，可以抵从前的一个世纪"。据我的感想，觉得这句夸大的话还不能形容这一年中的经过！
>
> 一九一九年中国教育界空前的一桩事，就是"五四运动"。"五四运动"的影响，不但教育界受着，不过教育界是它的出发点，自然影响受得更大。从前的教育界的空气何等沉滞！何等黑暗！经过了"五四运动"以后，从前底"因袭"、"成规"，都受

---

① 《经亨颐日记》，浙江古籍出版社 1984 年版，第 118 页。

了一种破产的处分，非另寻方法重立基础不可。虽然还有许多违背时事的教育者，"螳臂当车"地在那里要想仍旧用老规矩，来抵抗这磅礴的怒潮，但是我们总不能承认它是有效的事业。据我所晓得，大多数学校自本学年起，教授上管理上多少都有点改动，不过改动的程度和分量有点不同罢了。[①]

久盼启蒙思想浇灌的夏丏尊，对于五四运动在中国教育史上的意义判断得极准。自此之后，中国的教育迎来翻天覆地的改变。夏丏尊在此期间，一面参加爱国运动，一面思考以后的教育当如何推进，特意写了《教育的背景》一文，反思了以往教育的缺失，为自己将来的教育构想略作铺垫。他认为：

> 我们所行的教育是人的教育，当然应当用人来做背景。……"不管学生将来入何等职业，先使他成为一个人。"卢梭这句话说在百年以前，到现在还是真理。现在普通教育中所列的科目，都是养成人的材料，不是教育之目的物，也不是学问。地理是从面的方面解释人生的，历史是从直的方面解释人生的，数学是锻炼人的头脑的，理科是说明人的周围及人与自然界之关系的，语言文字是了解人与人的思想的，体操是锻炼人的身体意志的，其他像手工业等，虽似乎有点带着职业的色彩，但是在普通教育中，仍是注重陶冶品性的一面。总之，现在普通教育上所列的科目，除了以人为背景以外，完全是毫无意义的。若当作教育之目的物

---

① 夏丏尊：《一九一九年的回顾》，《夏丏尊文集》（平屋之辑），浙江人民出版社1983年版，第328—330页。

看，当作学问看，那就大错了。

……社会上大概批评学校里的课程无用。有几种父兄竟要求学校说："我的子弟只要叫他学些国文算学。体操手工没有什么用场，不必叫他学。"普通学校里的学生也有专欢喜国文的，也有专欢喜数学的，也有专欢喜史地的。遇着洒扫劳动的作业，大家就都不耐烦。这种都是将材料当作目的物看，当作学问看，不当作养成人的方法看的缘故。不但社会和学生不晓得这个道理，就是教育者，不晓得这个道理的也很多。现在大多的教育者，无非将体操当作体操教，将算术当作算术教，将手工当作手工教罢了。

人是教育第一种的背景了。无论何物，不能离开空间与时间的两大关系，这个空间时间，在人就是境遇和时代了。不论英雄豪杰，都逃不了境遇和时代的支配。印度地处热带，山川动植物皆极伟大，自然界恍如扑倒人生，所以有佛教思想。中欧气候温和，山川柔媚，所以有自由思想。批评家看见绘画诗文，就是无名的，也能大略辨别它是哪代的制作。这都是人不能离开境遇和时代的证据。所以教育上，第二应当以境遇和时代为背景。

上面两种背景之外，还有第三种的背景，就是教育者的人格。现在学校教育是学店的教育，教育者与被教育者的中间但有知识的授受，毫无人格的接触；简直一句话，教育者是卖知识的人，被教育者是买知识的人罢了。机械的大家卖来卖去，试问这种知识有什么用处？真正的教育需完成被教育者的人格，知识不过是人格一部分，不是人格的全体。现在学校教育何尝无管理训练，但是这个管理训练与教授绝对的无关系。教育者大概平日只负教授的责任，遇着管理训练的时候，便戴起一副假面具，与平时绝对成两样的态度了。这种管理训练除了以记过除名为后盾以外，完全不能发生效力。而且愈发生效力，结果愈不好，因为于人格无关系的缘故。①

出于对当时教育界的不满和对未来教育的希冀，夏丏尊暗暗下定决心：立秋开学后，要大干一场。

进步教员们的想法得到了校长经亨颐的认可。新学期伊始，单不厂、陈子龙离开了，主教国文的老师，阵容为之一新，夏丏尊领衔，携手新来的陈望道、李次九等人。经过商议，经亨颐听取了夏丏尊等人的意见，一师和附属小学国文课全部采用白话讲授，同时使用注音字母，这是很有力度的教学改革，其目的就是更好地普及白话文。陈望道还特意跑到上海登门拜访吴稚晖，在一家茶馆里拜师学艺，边喝茶边学拼音，终于将注音字母及拼音法学会了，回校即传授给全校师生、工作人员。夏丏尊积极响应陈望道的教学思路，同陈、李、刘大白等一道合编了《国语法》教材。他们还拟定了"国文教授法大纲"，编制了新国文教材，选取了《新青年》、《新潮》、《每周评论》、《创造》等杂志中陈独秀、李大钊、傅斯年、鲁迅等人的白话文名篇，以及王充《论衡》、黄宗羲《明夷待访录》、顾炎武《日知录》等古典作品，可谓从古今两个方面开阔了青年学子们的国文视野。

作为当时浙江新文化运动的中心，一师的改革之举不单单限于课堂，课下的很多活动也缤纷多彩、颇有成效。比如在全国率先

---

① 夏丏尊：《教育的背景》，《夏丏尊文集》（平屋之辑），浙江人民出版社 1983 年版，第 324—325 页。

成立了学生自治会；一师的新剧团排演了胡适的《终身大事》，陈望道、夏丏尊合编的《严肃》等剧目，据说观众不下两千人，可见影响之大。夏丏尊还与学生一道编辑了浙江教育会下属的刊物《教育潮》和浙一师校友会的《校友会十日刊》，此间他发表了《教育的背景》、《机械》、《家族制度与都会》、《"的"字的用法》、《一九一九年的回顾》、《儿童的游戏》、《入学训辞》等不少有力度的文章或评论。

在《教育潮》杂志发刊辞里，编者指出："《教育潮》者，《教育周报》之蜕化也"，其主旨在于理清"何谓潮流"、"何谓世界之新潮流"、"教育与世界新潮流之关系"和"教育界宜如何利用新潮流"四大问题，并"务为科学合理之研究，思想则自由独立，而不受时代之统辖，不受国界之束缚，不受权力之压制"。[①] 夏丏尊在此刊物共刊文 4 篇，详情见下表：

序号	卷号	刊发时间	篇名	署名
1	第 1 卷第 1 期	1919 年	《教育的背景》（未完）	夏丏尊
2	第 1 卷第 2 期	1919 年	《教育的背景》（续）	夏丏尊
3	第 1 卷第 3 期	1919 年	《杜威哲学概要》	（日本）帆足理一郎，夏丏尊译
4	第 1 卷第 6 期	1920 年	《爱》	（法）莫泊三，夏丏尊译

与此同时，夏丏尊还关心帮助学生刊物的创办发展，他的编辑天赋也逐渐展现。1919 年 10 月 10 日，浙一师学生俞秀松、周伯棣，省立一中学生查猛济、阮毅成、阮笃成，省立甲种工业学校学生沈乃熙（夏衍）、孙锦文、蔡经铭、杨志祥、倪维熊等创办了《双十》旬

---

① 编者：《发刊辞》，《教育潮》1919 年第 1 卷第 1 期。

刊，意在纪念辛亥革命。刊物的经费由夏丏尊、陈望道、刘大白、沈玄庐等人帮着筹措提供。刊印两期后，反响不错，于是决定吸收更多成员，浙一师学生施存统、傅彬然、张维湛等参与进来。他们一起组织了中国现代史上最早在学校建立的文学社团——"浙江新潮社"，并顺势将《双十》旬刊改为《浙江新潮》周刊。1919 年 11 月 1 日，《浙江新潮》出版，每期铅印四开四版，以观点鲜明、言论犀利闻名，成为拥护者大赞、反对者忌恨的刊物。

1919 年 11 月 7 日，《浙江新潮》第 2 期刊发了施存统《非孝》一文。全文 1500 字左右，原来的题目是《我决计做一个不孝的儿子》，初稿写了 3000 多字，铺陈太多，编辑删了一半，改为《非孝》发表。这篇文章的主旨"不单在于一个'孝'，是要借此问题煽成大波，把家庭制度根本推翻，然后从而建设一个新社会"，其核心要义就是"人类是应当自由的，应当平等的，应当博爱的，应当互助的，'孝'的道德与此不合，所以我们应当反对孝"。

此文一出，进步人士多给予肯定和好评。《新青年》主编陈独秀赞赏道：

> 《浙江新潮》的议论更彻底，《非孝》和攻击杭州四个报——《之江日报》、《全浙公报》、《浙江民报》和《杭州学生联合会周刊》——那两篇文章，天真烂漫，十分可爱，断断不是乡愿派的绅士说得出的。
>
> 我读了这两个周刊（另一家是北京的少年学会出版的《少年》——笔者注），我有三个感想：(1) 我祷告我这班可爱可敬的小兄弟，就是报社封了，也要从别的方面发挥《少年》、《浙江

新潮》的精神，永续和"穷困及黑暗"奋斗，万万不可中途挫折。
(2) 中学生尚有这样奋发的精神，那班大学生、那班在欧美日本
大学毕业的学生，对了这种少年能不羞愧吗？ (3) 各省都有几
个女学校，何以这班姊妹们都是死气沉沉！难道女子当真不及男
子，永远应该站在被征服的地位？ ①

《非孝》终于将早已暗流涌动的浙江教育界搅得天翻地覆，许多隐
伏的矛盾再也无法掩盖，一一浮出水面。浙江省的议员们合力攻击一
师，指斥经亨颐是"罪魁祸首"。连北京的北洋政府也发出了"查禁浙
江新潮"的电报到杭州："据浙江卢督军、齐省长有电称：'查近有《浙
江新潮》报纸，所刊论说，类多言不成理。而《非孝》一篇，尤于我
国国民道德之由来，及于国家存立之关系，并未加以研究，徒撷拾
一二新名词，肆口妄谈，实属谬妄。查该报载通讯处为浙江第一师范
学校黄宗正。以研究国民教育之师范学校，而有此主张蔑弃国民道德
之印刷品，更堪骇咤！究竟此项报纸，该校何人主持？现在该校办理
情形如何？合行令仰该厅，于文到三日内，即行切实查明核办具复。
以凭察夺，毋延切切"。② 时任省长的齐耀珊借机决心收拾经亨颐、
夏丏尊等人，下令查封《浙江新潮》编辑部，免去一些进步教师的
职务。

这一事件激怒了当时很多进步报刊和进步人士。3月27日，杭
州学生联合会到省教育厅、省公署请愿，要求取消之前发布的休学
令，请经亨颐继续担任校长。孰料两天后，爆发了震惊一时的"一师

---

① 独秀：《随感录（七五）：〈浙江新潮〉〈少年〉》，《新青年》1920 年第 7 卷第 2 期。
② 编者：《齐耀珊大兴文字狱》，《民国日报》1919 年 11 月 28 日。

风潮"，又称"留经（经亨颐）运动"。

"一师风潮"是五四运动在浙江的反映与扩散，也是后五四时期浙江乃至全国最突出的事件之一，激起了全国各地师生、舆论的关注与义愤。很多刊物笔锋直接对准当时受齐耀珊指使的浙江省教育厅长夏敬观，如《民国日报》就于1920年3月15日刊登了《告夏敬观》的评论文章："厅长并不是主人，教职员并不是厅长的雇员，学生并不是厅长的奴隶，学校更不是厅长的私产。夏敬观你要明白这一点，西湖风景不恶，劝你少管事，多作词罢。"可见人心所向。

虽然风潮终以师生胜利告终，齐耀珊离开浙江，夏敬观丢掉厅长官职，然而夏丏尊等已是心灰意冷，决意不再任职。为了给众人一个交代，他与陈望道、刘大白特意发表《浙一师国文教员为辞职事致学生书》。一师学生读完此信后，印发《浙一师全体学生致刘大白、陈望道、夏丏尊先生的信》，诚恳挽留。

然而覆水总是难收。经亨颐辞职后回到上虞白马湖创办了春晖中学。陈望道回到老家义乌分水塘，潜心钻研新思潮，尝试翻译《共产党宣言》这部经典著作。刘大白往返于绍兴、杭州、萧山等地教书。

时在北京教育部任职的鲁迅，曾这般评价"一师风潮"：

> 十年前的夏震武是个"木瓜"，十年后的夏敬观还是个"木瓜"，增韫早已垮台，我看齐耀珊的寿命也不会长的。现在经子渊（经亨颐）、陈望道他们的这次"木瓜之役"，比十年前我们那次的"木瓜之役"的声势和规模要大得多了……看来经子渊、陈望道他们在杭州的这碗饭是难吃了……不过这一仗总

算打胜了。①

回顾这场运动，青年人在思想与主义的激励下，不免有些言行过激。陈望道后来反思道：

　　这场斗争中，我们现在检查起来是过于急进一点的，有的界限也不很清楚，旧的一概否定。不过在当时情况下，不这样搞也不行，许多守旧的人物在向经校长围攻，是非不清，不急进点就不能团结同学。我们四人（指夏丏尊、刘大白、陈望道、李次九——笔者注）比较温和的是夏丏尊（他是信佛教的），其次是刘大白，我那时很年轻，较急进，李次九则比我更急进。②

1920 年，夏丏尊也觅到了新出路。他接受湖南第一师范易培基的盛邀，西赴岳麓山下，再执教鞭。毛泽东此时也受聘为湖南第一师范的国文教员。谈到湖南教书生涯时，夏丏尊曾回忆："毛润之这个名字听到过，可能这个人也见到过。"而毛泽东在北伐时期也对友人提到过夏丏尊，说丏尊先生不了解政治，但对他的人格很崇敬。③

但夏丏尊终于熬不过思乡之苦，1921 年 2 月，他离开湖南，返回老家。

---

　　①　转引自邓明以：《"五四"时期的陈望道同志》，载中国人民政治协商会议全国委员会文史资料研究委员会编：《文史资料选辑》第 61 辑，中国文史出版社 1981 年版，第 120 页。
　　②　陈望道：《"五四"时期浙江新文化运动》，《杭州地方革命史资料》1959 年第 1 期。
　　③　参见傅彬然：《记夏丏尊先生》，《文萃》1946 年 5 月号。

二、白马湖畔

南北朝时的著名学者郦道元在《水经注》里曾记载过浙江省上虞镇一处名胜：

> 白马潭，潭之深无底。传云创湖之始，边塘屡崩，百姓以白马祭之，因以名水。

1921 年底，应经亨颐之邀，夏丏尊来到白马湖畔，成为私立春晖中学的一名教员。

关于春晖中学的缘起，还要从浙江一师风潮后续讲起。离开一师后，经亨颐和乡绅王佐结伴去上虞横山陈家，在与商界巨子、春晖学堂创办人陈春澜的面谈中，提出续办中学需要十万元经费，当时还担心数目太大，得不到同意，但没想到当陈春澜知道十万元只能勉强开展学校运作时，便主动提出再追加十万。1919 年 12 月 2 日，春晖中学校董会成立。次年 1 月，校董会推选经亨颐为第一任校长，定址白马湖，筹备建校具体事宜。1922 年 8 月，春晖中学招生开校。

学校创建一年后，兼任《春晖》半月刊主编的夏丏尊，曾写了一篇题为《春晖的使命》的文章，这实际上是对办校理念的总结与推广，堪称春晖中学的一份铿锵有力的宣言书。文中说：

> 你是生在乡间的，乡村运动，不是你本地风光的责任吗？别的且不讲，你可晓得你附近有多少不识字的乡民？你须省下别的

用途，设法经营国民小学、半日学校等机关，至少先使闻得你钟声的地方，没有一个不识字的人，才是真的。至于你现在着手的农民夜校，比起来那只可说是你的小玩意儿，算不得什么的。

你是一个私立的，不比官立的凡事多窒碍。当现在首都及别省官立学校穷得关门，本省官立中等学校有的为了争竞位置、风潮叠起、丑秽得不可向迩的时候，竖了真正的旗帜，振起纯正的教育，不是你所应该做的事吗？

你生也晚，正当学制改革之时。在新制之下，单纯的初级中学，办理上很是困难的。你现在第一步虽只办初级中学，但总须设法加办高级中学，酌量地方情形，加设文科、理科及农科、师范科等类的职业科。这条血路，你不是应该拼了命杀出的吗？

你已男女同学了，这是本省中等学校的第一声，也是你冒了社会的忌讳敢行的一件好事。你应如何好好地保持这纤弱的萌芽，使它发达？又，现在女子教育，事实上比男子教育待改良研究的地方更多。你在开始的时候，应如何改变方向，求于女子教育有所贡献？

……

春晖啊！你于别的学校所有的一切使命外，同时还有着这许多特有的使命。这于你或许要感受若干特有的困难，但决不是你的不幸。前途很远！此去珍重！啊，啊，春晖啊！①

夏丏尊进入春晖中学后，基于"近年以来，凡是中等以上的学校，

---

① 丏尊：《春晖的使命》，《春晖》1923 年第 20 期（"本校成立纪念号"）。

差不多都有出版物。本校僻处山乡，所能与大家通生气者，几乎大半要靠出版物了"，在 1922 年 10 月 31 日创办《春晖》半月刊。该刊为春晖中学校刊，通常一期四开四版，半月一期。据笔者考察，该刊物共出版 48 期，但目前已有多期散佚，未见原刊。

该刊自创办到 1924 年 11 月第 36 期，日常运行多是仰仗夏丏尊。在他的带领下，该刊不断革新，与时俱进，自第 16 期起，夏丏尊在内容和形式上做了一次大的改革，重新设置栏目，主要包括以下 7 项：

1. 由仰山楼——"仰山楼"是春晖中学主教学楼的楼，该栏主要发表春晖中学教职员的意见、议论等。比如校长经亨颐的《人生对待的关系》、夏丏尊的《学说思想与阶级》、刘薰宇的《学潮评议》等。

2. 曲院文艺——"曲院"是春晖中学早期的学生宿舍，该栏主要发表春晖中学学生的作品。

3. 他山之石——主要发表春晖中学外来宾客的讲演稿。

4. 五夜讲话——主要刊登春晖中学每周五晚上教职员和外来嘉宾的讲话。

5. 白马读书录——主要发表学校教师和学生的读书笔记。

6. 课余——主要发表学校教师和学生创作的随笔、杂感。

7. 半月来的本校——主要刊登春晖中学的校园新闻。

由开设的栏目及发表的文章来判断，《春晖》半月刊不只是为了简单地"与大家通声气"，公开校务、传播知识、提高学生素养才是该刊最根本的出发点。

《春晖》作为一份中学校园刊物，除少数由个人订阅外，大多数是送到省内各县高等小学和省内外中等以上学校，一次发行量大概在 1100 份。不过其独特的文学刊物风格在彼时却很有影响。在夏丏尊的主持下，《春晖》半月刊持续刊登白马湖作家群的文章，介绍白马湖作家的教育理想和文艺思想，为白马湖文学的形成奠定了基础。

前途很远，任务很重，责任很大，使命很高，于是需要更多的良师益友一道前行。凭借自己在浙江教育界十多年的积累与人脉，夏丏尊协助经亨颐，请来了不少名师大家。朱自清就是受他之邀，辞去宁波四中的职务，来到春晖的。在向学生介绍朱自清的仪式上，夏丏尊讲："朱先生年龄比我轻，但学问比我好，上学期我已介绍他写的文章给你们看，不是都觉得很好吗？现在请他教你们这一班级，我仍然教一年级。"[①]朱自清一到春晖，就被这一片湖光山色所深深吸引。执教不久，他写了篇《春晖的一月》，大赞白马湖之美，说春晖中学给了他三件礼物：美的一致，一致的美；真诚，一致的真诚；闲适的生活。

丰子恺是夏丏尊请来的另一位名师。早在浙一师的时候，丰子恺是夏丏尊的学生。春晖办学，需要合适的美术、音乐人才，于是便把他请了过来。与朱自清一样，来后不久，丰子恺就迷上了这远离尘嚣的田园生活，还特意写了一篇《山水间的生活》记其感想："爱一物，是兼爱它的阴暗两方面。否，没有暗的明是不明的，是不可爱的。我往往觉得山水间的生活，因为需要不便而菜根更香，豆腐更肥。因为

---

① 夏弘宁：《夏丏尊传》，中国青年出版社 2002 年版，第 80 页。

寂寥而邻人更亲。"当时丰子恺尚是艺术界的无名之辈,但授课时其漫画天赋已展现无遗。

朱光潜也是夏丏尊请来的。1923 年,朱光潜从香港大学毕业,在上海吴淞中国公学教英文,夏丏尊在《教育杂志》上看到他的文章,非常欣赏,就邀请他来春晖任教。朱光潜在这里待的时间不长,但这段经历对他写作生涯影响不小。

除以上三位外,还有匡互生、刘薰宇、刘叔琴、方光焘,等等,他们与白马湖相遇之际,年富力强、满腔热情,结合成了一个追求新思想与崇尚民主自由的团体。夏丏尊在这个团体里年龄稍长,也不过 30 多岁。他性情耿直、恬淡自适、待人真挚,在他与诸位春晖学人的辐射与影响下,很多文化、教育界名流纷纷来此地讲学、考察、游玩,可谓极一时之盛。不妨用表格的形式展现彼时曾赴春晖的部分著名人士:

姓名	到校时间	讲学内容	备注
袁希涛	1922 年 12 月	教育普及之根本	开学典礼的讲演
吴觉农	1922 年 12 月	对于春晖中学的几个希望	开学典礼的讲稿
曹慕管	1922 年 12 月	文化之趋势	开学典礼的讲演
白眉初	1923 年 4 月	旅大问题	—
蔡元培	1923 年 5 月	羡慕春晖的学生	—
刘大白	1923 年 5 月	—	与蔡元培同往
薛朗轩	1923 年 5 月	—	与蔡元培同往
张闻天	1923 年春		小住一周,考察其弟在校读书情形
叶圣陶	1923 年秋	—	访友
章锡琛	1923 年	—	访友
胡愈之	1923 年	—	访友
黄炎培	1923 年 8 月	职业指导	暑期讲习会讲演
陈望道	1923 年 8 月	国文教授资料	暑期讲习会讲演
舒新城	1923 年 8 月	道尔顿制及青年心理	暑期讲习会讲演
黎锦晖	1923 年 8 月	国语正音	暑期讲习会讲演

续表

姓名	到校时间	讲学内容	备注
沈泽民	1923 年	春晖的印象	—
杨之华	1923 年	—	来校考察
杨贤江	1923 年	春晖与春晖学生	来校任教
刘新锐	1923 年 9 月	日本地震	
沈仲九	1923 年 11 月	现代青年课外必修的一种科目	后又来考察
匡互生	1923 年 11 月		与沈仲九同来
俞平伯	1924 年 3 月	诗的方便	
吴稚晖	1924 年 5 月	关于青年对待认识与科学	—
朱光潜	1924 年 11 月	无言之美	—
李叔同	1925 年 10 月	—	后多次来校

　　白马湖的自然风光与春晖宽松的氛围，激发了春晖学人的创作热情与生活情趣。他们在校内外的一些文学刊物发表文章，向青年传递新文化的理念，表达心中的教育理想，如朱自清的《春晖的一月》、《教育的信仰》、《团体生活》，以及他的讲话稿《刹那》、《文字的美》；夏丏尊的《作文教授上的一个尝试》、《一年间教育界的回顾和将来的希望》、《爱的教育与作者》、《读书与暝想》、《春晖的使命》；丰子恺的《山水间的生活》、《青年与自然》；朱光潜的《无言之美》；等等。这些文章都发表于当时的春晖校刊，有的直面当时的种种教育弊端，直接表达自己对于教育的见解；有的是对于青年为学的指导。这些文章延续了五四传统，用批判、创新与改革的态度，将教育见解融入教书育人的实践之中，凭借个体的学识修养与生活实践，以卓越的心智与深厚的文化底蕴言说教育，思考教育问题，展现其教育思想。同时，这也是春晖教育精神得以弘扬的一个重要途径。

春晖中学第一批学生中的王文川在回忆早期春晖中学师生交往的情形时讲到，因为整个学校浸润着五四运动的精神，那时候的校风，可以说民主得很，师生之间亲密无间。

具体到夏丏尊本人，他平日的授课便是如上理念的典型体现。据他的学生斯尔螽回忆，1923年开学的第一天，下午第一堂课就是夏丏尊讲授的国文课。这也是他首次见到夏先生，"见他双手捧了书本，一拱一拱地走上讲台来，脸儿微微笑着，似乎觉得他是一个极平和的人；有时并没有什么可笑的地方，他却也在那里微笑"。根据斯尔螽的观察，夏丏尊"衣服统是布做的，以灰色做的尤多。他的马褂有我的长衫一般长，衣服穿得很不整齐，袍子比长衫要长几寸，纽子往往逢奇数扣的，裤脚的长，差不多要把鞋头包牢，与地板相触了"。

然而夏丏尊的另一面则是认真甚至严厉的。"他在几十个学生听他讲课的时候，若有一个学生稍有点顽皮的态度，他总要认真教育他，使那个学生自知惭愧。"在某个炎热的夏天午后，猛烈的阳光斜射进教室，斯尔螽被晒蔫了，困乏得不得了，加之夏丏尊当时讲授的课文是《南行杂记》，正是他所厌听的，于是就伏在案上呼呼熟睡起来。"斯尔螽！这样的颓废！上课不注意听讲！"夏丏尊"严厉的声浪，冲进了我的耳膜，惊醒了我的好梦，我定一定神，向四围看，只见许多同学们的眼光，统很尖利地注视着我，我那时脸儿像血一般的红了。虽然面红是表明自己的弱点，但他在众人面前如此让我难堪，真使我恨他切骨了"。可见起初斯尔螽对夏丏尊是带有情绪和意见的。而等春晖中学推出"学生自己选择指导者制"时，他却偏偏赌气选了夏丏尊。一天晚上，夏丏尊招呼学生们到教员预备室，在暗淡的黄灯之下，非常诚恳地对大家说：

　　今天晚上，我有许多话要同你们说，所以叫你们到这里来，望你们好好听着。我觉得现在你们实在太颓废、太偏重文艺。此后我们要振起精神来，好好地过这半年。我们要互相亲爱，请你们把我作你们的义父吧！请你们到我家里来谈谈天，你们有所不知，或有什么苦痛，都请你们来告诉我。我底人格实不足教你们，我自己觉得很不好，血气很盛，总要怒形于色，但我对你们并无恶意，这也正是爱你们呀！

　　你们选择我，一切行为当然由我负责；但你们还要如平日一样，把别位先生的话好好听从，——你们宁可得罪我，切不可得罪别位先生！

　　听完这番话，斯尔螽往日对夏丏尊的偏见顿时烟消云散，心中只有感动，"感激的泪几乎要涌流出来。那时的情景，至今还很清楚的留在脑中，不曾模糊一点呢！"

　　许多年后，斯尔螽回忆恩师夏丏尊，依然满怀深情："他真是我们的慈母，我们是他的孩子，我们应好好地做人，别使他淘气，辜负了他的厚望！唉！他的确是我们爱的教员！"[①]这种师生心灵高度交融的状态，恰恰是以夏丏尊为首的春晖中学教员所追求的"人格教育"之目标。

　　在课程讲授过程中，夏丏尊也遭遇过一些挫折和困难。执教春晖的第一年，为了改进作文教学模式，他费了不少心力，把文体分解成说明、记事、议论等几种，编了讲义分开讲解，不过学生的作文能力并没有得到显著提高。比如他曾出了个"我底故乡"的题目，仍有学

---

　　① 斯尔螽：《我所见到的夏先生》，载夏弘宁主编：《夏丏尊纪念文集》，浙江省上虞市文学艺术界联合会 2001 年版，第 344—345 页。

生摆出一副老调，说什么"凡人必有故乡……"之类的套话，将文言翻译作白话，内容没有新鲜气象。

于是夏丏尊查阅了很多关于文章作法的书籍，以求索原因所在。他发现自古文章高手各有各的写作路数，虽然文无定法，千变万化，但不外乎以读者为对象。要使文章能适合读者的心情，作者的态度比技巧更为要紧。

既然确定了态度的重要性，那如何引导学生改变作文的态度呢？夏丏尊思考甚久，逐渐形成了一种见解，即学生学习国文，一来不要只从国文去学国文，二是不要只将国文当国文来学。一定要用真实的生活来做作文的材料，从而放弃摇笔即来的那些陈词滥调。他就作文题目与生活积累打过一个比方：

> 写作是一种郁积的发泄，犹之爆竹的遇火爆发。教师所命的题目，只是一条药线，如果诸君是平日储备着火药的，遇到火就会爆发起来，感到一种郁积发泄的愉快，若自己平日不随处留意，临时又懒去搜集，火药一无所有，那么，遇到题目，只能就题目随便勉强敷衍几句，犹之不会爆发的空爆竹，虽用火点着了药线，只是"刺"的一声，把药线烧毕就完了。"写作些什么"的"什么"，无论自由写作或命题写作，只靠临时搜集，是不够的。最好是预先多方注意，从读过的书里，从见到的世相里，从自己的体验里，从朋友的谈话里，广事吸收。或把它零零碎碎地记入笔记册中，以免遗忘，或把它分了类各各装入头脑里，以便触类记及。①

---

① 夏丏尊:《关于国文的学习》，《夏丏尊文集》（文心之辑），浙江人民出版社 1983 年版，第 538 页。

经过这一番探索与尝试，学生们从写一二百字描写生活片段的小品文入手，愈写愈有感觉，逐渐作文能力有了起色，也更喜欢上他的课了。他的学生钟子岩回忆，当时自己"思想非常苦闷，精神陷于消沉。但是只要听了先生的课，我就感到莫大的安慰，精神也不觉振奋起来了。把语文课上得这样出色而有魅力，至今犹觉得是件了不起的事"①。

三、《爱的教育》

春晖中学的学生王传绅曾回忆当年与夏丏尊相处的时光：

记得有一次夏老师带领我们全班同学去外地参观旅行，从白马湖出发，先到杭州，经上海去南通、南京。回程中由海途经上海、宁波回到白马湖。时间不算长，所受教育却很深。祖国的美丽河山，名胜古迹，杰出很多，增长知识不少。夏先生博学多才，一路指点江山，讲解史实，更加深了我们对文史和地理各方面的了解，收获是巨大的。这次旅行中，从白马湖到杭州这一段路程，当时未通火车，我们雇了一条大船，沿江西上。在这条船上，白天，夏先生盘膝而坐，抓紧时间，翻译意大利亚米契斯名著《爱的教育》，休息时就将片段内容讲给我们听，讲得很生动，

---

① 钟子岩：《回忆夏师执教在春晖》，载夏弘宁主编：《夏丏尊纪念文集》，浙江省上虞市文学艺术界联合会 2001 年版，第 260—261 页。

大家都深受教育。①

文中提到的《爱的教育》这本书，与夏丏尊的一生有千丝万缕的关联。

1920 年，夏丏尊偶然读到一本意大利儿童小说《心》（Coure）。该书作者埃德蒙多·德·亚米契斯，是 19 世纪意大利作家，参加过争取国家独立的民族解放运动，写过反映军营生活的小说。退役后他周游世界，写了一批游记。1879 年后，他创作了许多反映社会问题和教育问题的作品，其中这部《心》初版于 1886 年，是他最著名的作品。

这本书以一位三年级小学生日记的形式写下了人间诸多方面的爱：教师对学生的关心，学生对教师的尊敬，教师之间的体谅，学生之间的友爱，父母对子女的爱护，子女为父母分担困难，等等，语言生动，场景感人。夏丏尊思前想后，认为一个简单的"心"字并不能表达出书中的真情实意，也无法体现这本书的深刻内涵，于是再三推敲后，将中文版的书名改为《爱的教育》。他在序言中写道：

> 这书给我以卢梭《爱弥儿》、裴斯泰洛齐《醉人之妻》以上的感动。我在四年前始得此书的日译本，记得曾流了泪三日夜读毕，就是后来在翻译或随便阅读时，还深深地感到刺激，不觉眼睛润湿。这不是悲哀的眼泪，乃是惭愧和感激的眼泪。除了人的资格以外，我在家庭中早已是二子二女的父亲，在教育界是执过十余年的教鞭的教师。平日为人为父为师的态度，读了这书好像丑女见了美人，自己难堪起来，不觉惭愧了流泪。……这书一般

---

① 王传绅：《一位我所热爱的老师》，载夏弘宁主编：《夏丏尊纪念文集》，浙江省上虞市文学艺术界联合会 2001 年版，第 169 页。

被认为是有名的儿童读物，但我以为不但儿童应读，实可作为普通的读物。特别地应介绍给与儿童有直接关系的父母教师们，叫大家流些惭愧或感激之泪。①

Coure 之所以感人，最重要的因素是一个字——爱。夏丏尊指出："学校教育到了现在，真空虚极了。单从外形的制度上方法上，走马灯似的变更迎合，而于教育的生命的某物，从未有人培养顾及。好像掘池，有人说四方形好，有人说圆形好，朝三暮四地改个不休，而于池的所以为池的要素的水，反无人注意。教育上的水是甚么？就是情，就是爱。教育没有了情爱，就成了无水的池，任你四方形也罢，圆形也罢，总逃不了一个空虚。"② 夏丏尊翻译《爱的教育》，正是为了纠正当时教育界的这一根本性弊病，并借以宣传自己的教育主张和教育思想。在一年多时间里，他忍受亲妹去世的悲痛，排除忙和病的干扰，利用教学之余暇，在他的陋室——平屋靠山的小后轩埋头翻译。冬天，"常把头上的罗宋帽拉得低低地，在洋灯下工作至夜深"；夏天，一边用蒲扇驱赶蚊子，一边继续翻译；就是在带领学生外出春游、秋游的时候，他也忙里偷闲，在船舱里笔耕不辍。每每译好一部分，便讲给学生听，既让学生尽早感受爱的教育，又给作品以口语化的润色，使之更加通俗易懂，为读者所喜爱。当时的几位同人、挚友是夏先生最早的读者，"邻人刘薰宇君、朱佩弦君，是最初的爱读

① 夏丏尊：《〈爱的教育〉译者序言》，《夏丏尊文集》（平屋之辑），浙江文艺出版社1984 年版，第 42 页。

② 夏丏尊：《〈爱的教育〉译者序言》，《夏丏尊文集》（平屋之辑），浙江文艺出版社1984 年版，第 42 页。

者，每期稿成即来阅读，为尽校正之劳；封面及插画，是邻人丰子恺君的手笔"。他们的大力帮助和支持，更为《爱的教育》增添了许多光彩。

就在平屋陋室里，夏丏尊完成了这一项影响几代人的"工程"。1925年，《爱的教育》首先在胡愈之主编的《东方杂志》上连载，受到各方的关注和好评，后被列入"文学研究会丛书"，印成单行本，由商务印书馆发行。1926年改由开明书店发行，至1949年前的20多年里，共出版30余次，成为最畅销、最有影响力的书籍之一。著名文学家黄裳深受《爱的教育》的熏陶："这是我读的第一本翻译书，受到了极大的感动。直到今天，虽然故事细节早已模糊，但当时心灵上受到的震撼仿佛仍旧可以追寻。"①

"爱的教育"这一书名，不仅体现了这本书的内涵，也恰巧对夏先生半生的教育事业进行了完美的总结。从教近二十年的光阴与积淀，使得夏丏尊的教育实践逐渐上升到理论层面，有了《爱的教育》以及系列教育论述文章；同时，他又将这些宝贵理念继续付诸教育实践当中，让春晖中学的学生们受益无穷。

在春晖中学，夏丏尊是"爱的教育"的积极倡导者和躬身实践者。丰子恺在《悼丏师》中回忆道："他当舍监的时候，学生们私下给他起个诨名，叫夏木瓜。但这并非恶意，却是好心。因为他对学生如对子女，率直开导，不用敷衍、欺蒙、压迫等手段。学生们最初觉得忠言逆耳，看见他的头大而圆，就给他起这个诨名。但后来大家都知道夏先生是真爱我们，这绰号就变成了爱称而沿用下去。凡学生有所请愿，大家都说：'同夏木瓜讲，这才成功。'他听到请愿，也许

---

① 黄裳：《关于开明的回忆》，载中国出版工作者协会编：《我与开明》，中国青年出版社1985年版，第44页。

暗呜叱咤咤地骂你一顿；但如果你的请愿合乎情理，他就当作自己的请愿，而替你设法了。"①

他对学生的学业、品行严格要求，毫不马虎妥协，对学生的日常生活则关怀备至。他极富同情心，同情弱者、穷人。家境贫寒的学生钟子岩经常受到夏丏尊的关照。春晖中学虽然不算大，但学生中富家子弟却不少，难免衣着上比较讲究，下雨天大多数人都穿皮鞋。钟子岩没有皮鞋，只好穿母亲自己缝制的"水鞋"，这种鞋涂上桐油，鞋底钉上秋皮钉，雨天穿上不会弄湿。这样的鞋子与皮鞋相比，自然相形见绌，钟子岩虽然穿着，心里却不是滋味。夏丏尊看出了他的难堪，于是每逢下雨天，便夸这水鞋："这鞋子好啊！"

生活上关怀，思想上则是关注。夏丏尊告诫青年学生要涵养自己的真才实学。针对当时中小学校传舍式的教育以及封建"士"观念的影响，他旗帜鲜明地指出，中学教育要传授给学生最有用的知识，要求学生"养成实力"。这种"实力"，"当然不是什么财力、权力、武力，也并不是学士或博士的专门学力，乃是普通一般的身心上的能力。例如健康力、想象力、判断力、记忆力、思考力、忍耐力、鉴赏力、道德力、读书力、发表力、社交力等就是。"他期望学生养成实力，做一个"立得住站得稳的人，不做新时代的落伍者"。②

夏丏尊的教育理念突出情感在教育教学中的核心地位，同时重视老师在"爱的教育"上的作用。他认为，教师不仅要传播知识，更要

① 丰子恺：《悼丏师》，载夏弘宁主编：《夏丏尊纪念文集》，浙江省上虞市文学艺术界联合会 2001 年版，第 72—73 页。

② 夏丏尊：《"你须知道自己"》，《夏丏尊文集》（平屋之辑），浙江人民出版社 1983 年版，第 276—277 页。

在孩子们的心里播撒下爱的种子。教师是教育的引导者，对学生的成长有着不可忽视的影响。他们不仅要"传道授业解惑"，更要与学生进行"情感交流"，要用自身高尚的人格、修养对学生进行言传身教，使学生形成健全的人格、健康的心理、完善的情感。

四、文出平屋

1922 年 12 月 20 日，夏丏尊亲自设计的平房落成了。他为这座简雅素朴的房子取名"平屋"。

关于"平屋"的象征意义，夏丏尊在文章《读书与暝想》中有所交代：

> 高山不如平地大。平的东西都有大的涵义。或者可以说平的就是大的。
>
> 人生不单因了少数的英雄圣贤而表现，实因了茕茕平凡的民众而表现的。啊，平凡的伟大啊！ [1]

这种平凡而不自卑的精神风范，可能源自浙东的地域文化传统，也就是"禹墨遗风"。安于平淡，终年勤劳，并且具有在朴素中觅得真味的生活情趣，这些在夏丏尊身上有着鲜活的展现。

平屋中夏丏尊最喜爱的一间，莫过于书斋了。书斋即平屋的后轩，开窗便是山坡和松林，让人心胸为之一舒。窗下摆放着书桌，满

---

[1] 夏丏尊：《读书与暝想》，《夏丏尊文集》（平屋之辑），浙江人民出版社 1983 年版，第 35 页。

壁书架上，搁满了中国的线装书和日文的文艺书籍。因为藏书甚丰，平屋被春晖中学的师生们称为"笃学之宅"。

夏丏尊曾经在《我之于书》一文中坦言："二十年来，我生活费中至少十分之一二消耗在书上的。我的房子里比较贵重的东西就是书。"他不太喜欢向别人借书或去图书馆借书，以买书为人生一大快事。只要买到新书，他就一册册盖上藏书章。

在20世纪二三十年代的中国，纯粹依靠笔耕为生是极其艰辛的事情。夏丏尊教书之余，写写发自内心的文字，倒也从容，但也需要挤出很多休息时间来完成，其中不少文章就是深夜时分赶出来的。1935年12月，开明书店出版了他的散文集《平屋杂文》，里面收录评论、小说、随笔共计33篇。第一版封面纸张淡青灰色，底纹香灰色。在序言中，夏丏尊自道此书"每种分量既少，而且都不三不四得可以，评论不像评论，小说不像小说，随笔不像随笔。近来有人新造一个'杂文'名词，把不三不四的东西叫作杂文，我觉得我的文字正配叫杂文，所以就定了这个书名"①。

其实，在这本作品背后，还隐藏着一段伤心的故事。《平屋杂文》出版前，夏丏尊的掌上明珠长女吉子正值21岁芳年，谁料被一场伤寒夺取了生命。吉子生前聪慧伶俐，曾在开明书店协助叶圣陶、胡墨林夫妇从事文稿整理工作。她文理清通，一手漂亮的小楷颇得乃父真传。吉子平时还非常留意父亲的文章，曾预备替父亲收集文章，谁知还没等到著作刊布，爱女便先行一步，这使得夏丏尊精神上深受打击，衰颓了许多。弘一法师知道后，特意来信劝慰道："吉子临终安

---

①　夏丏尊：《〈平屋杂文〉自序》，《夏丏尊文集》（平屋之辑），浙江人民出版社1983年版，第219页。

祥无苦，是助念佛名力也。"

在白马湖畔的平屋之中，夏丏尊脑中所思考的问题，并没有仅仅局限于春晖中学的教务与校务，也没有单单停留在教育界，而是放眼于那时的整个社会与文化，可谓胸中有天下。

他反思与批判了民国教育的种种乱象。放眼全国，紧密关注教育界的脉动，这或许就是夏丏尊日后能于出版界不断推出精品的一大要因。"现在学校教育的空虚，只要有良心的教育者和有良心的学生都应该深深地痛感到"，"如果教育者只是教员而不是教师，一切问题是无法解决的。教育毕竟是英雄的事业，是大丈夫的事业，够得上'师'的称呼的人才须着手，仆役工匠等同样地位的什么'员'，是难担负这大任的……这是一件非常辛苦艰难的事，也是一件伟大庄严的事！"[1] 拳拳之心，于此展现无遗。

他对社会上关于女性问题的诸多误解与偏见进行纠正。比如《生殖的节制——欢迎桑格夫人来华》、《论单方面的自由离婚》、《汉字所表现的女性的地位》三篇文章，展现出夏丏尊对女性的同情与保护。

他透过世态人情的变幻，剖析其中蕴含的思想根源。他评价了四种思潮：折中主义、实用主义、流行主义和商业化。对于当时折中思想与言行的泛滥，夏丏尊写了《并存与折中》一文，前文已有介绍，兹不赘述。[2] 针对实用主义，夏丏尊认为："中国民族的重实利由

---

① 夏丏尊：《近事杂感》，《夏丏尊文集》（平屋之辑），浙江人民出版社1983年版，第347—348页。

② 参见夏丏尊：《并存和折中》，《夏丏尊文集》（平屋之辑），浙江人民出版社1983年版，第26—27页。

来已久，一切学问、宗教、文学、思想、艺术等等，都以实用实利为根据……这样传统的实利实用思想，如果不除去若干，中国是没有什么进步可说的！我们生活在地球上，要绝对地不管实用原是不可能的事，但不应只作实用实利的奴隶……中国人的实用实利主义，实足扑杀一切文明的进化"。[①] 而当时的流行主义亦影响甚大。清末以来，往往潮流随着引入哪个国家学说而动，"东洋留学生势盛的时候，学校一切制度都流行日本式，现在是美国留学生得意的时代，学校一切制度当然要变成美国风。不信，但看现在大吹大擂的新学制！"故夏丏尊奉劝诸君"对于世间一切须有炯眼，须看出一切的狐狸尾巴，不要被瞒过了"。[②] 再就是商业化潮流。审视教育界实情，非常令人尴尬，"近来学店式的学校到处林立，有人以为学校渐趋商业化了，深为叹惋。我以为学校不患其商业化，只患其商业化的不彻底。学生出学费向学校买求知识，学校果真有价值相当的知识作商品卖给学生，学生对于学校至少可没有恶感。并且像老顾主和相识的店铺有感情一样，学生爱校之情自必油然而生了。这就是由物质主义彻底而达到精神主义"。问题在于实际上教育界"假教化之名，行商业之实，藉师道之尊，掩自身之短"，所以夏丏尊认为"向精神主义走固好，向物质主义走也好，彻底走去，无论向那条路都可以到得彼岸。否则总是个进退维谷的局面"。[③]

---

① 夏丏尊：《中国的实用主义》，《夏丏尊文集》（平屋之辑），浙江人民出版社1983年版，第28—31页。

② 夏丏尊：《学说思想与阶级》，《夏丏尊文集》（平屋之辑），浙江人民出版社1983年版，第38—41页。

③ 夏丏尊：《彻底》，《夏丏尊文集》（平屋之辑），浙江人民出版社1983年版，第46—47页。

由现象、事件到思潮、缘由，从教育、教学到社会、国家，春晖中学时期的夏丏尊心中一直装着中国将来究竟往何处去、怎样发展的困惑与思索。由此可以看出，他并非一位为解脱个人困惑而寻求自身价值的作家，而是试图通过实现自我人格的完善最终实现现世关怀，力求能兼济天下。

五、湖上新风

凡人之质量，中和最贵矣。中和之质，必平淡无味；故能调成五材，变化应节。是故，观人察质，必先察其平淡，而后求其聪明。

汉末三国时期学者刘劭在品评人物时，认为品行中和之人，堪称一流。当时春晖中学诸位同人，大多性格温和，有谦谦君子之风，比如夏丏尊、朱自清、丰子恺等人，平时文字唱和，温文尔雅，看似平淡无奇，实则回味无穷。恰恰于此淡如水的交往切磋中，一个在现代文学史上不可忽视的文学流派孕育而生。

这个文学派别的形成，与自然环境息息相关。白马湖静谧之极，偶有船舶驶过，泛起粼粼波光，引来阵阵水声，都会落入春晖学人眼耳之中。在经历了浙一师学潮之后，以夏丏尊为代表的春晖学人安居于此，秉持春晖中学的教育风格，深受浙东区域文化的熏染，加之大家共同的文学追求，最终造就了为后世称道的"白马湖派"。

白马湖派的领军人物自非夏丏尊莫属。他不但主持这个群体所在地春晖中学的校务，长期居留白马湖，出于其独特的人格力量，将白马湖同人紧紧地凝聚在一起，堪称这个群体的精神领袖；更重要的是，其创作偏爱散文，且以其对散文精神与艺术的独特体悟与认知，创作出白马湖风格的散文，对这个群体的形成起到了举足轻重的作用。在其心中，文学艺术是个体生命的寄托，"文学是我家的财物，也是我生命的源流"。然而可能因性格使然，夏丏尊又从不认为文学创作是自己的名山事业，甚至"不承认是文学家，他常常说，他只是个文艺的爱好者，对于文艺具有相当的鉴赏力罢了"①。所以夏丏尊在白马湖派中，更多是"但开风气不为师"的角色。

夏丏尊的作品包括散文、杂文、随笔、评论、序跋、书信、科技小品、小说等。稍加分类，有如下几个方面：第一类是写景、写人、抒怀的文章，如《白马湖之冬》、《我的畏友弘一和尚》、《弘一法师之出家》、《鲁迅翁杂忆》、《长闲》、《白采》，文字细腻，文风清爽，极具画面感与诗情，既是白马湖文学的典型作品，又是他自身日常生活的写照，也最能体现其文学水准。第二类是知识与情趣兼有的小品文，如《日本的障子》、《谈吃》、《原始的媒妁》、《蟋蟀之话》，犹如一位老者在傍晚饭后树下，谈天说地，纵论古今，别有一番味道。第三类是教导学生的文章，如《"你须知道自己"》、《怎样对付教训》，文字如师长之谆谆教诲。第四类是评论时政与世态的杂文，如《并存和折中》、《中国的实用主义》、《学说思想和阶级》等就是其中代表作。第五类是书评类文字，如《关于国木田独步》、《文艺随笔》、《关于〈倪焕之〉》、《读诗偶感》，落笔从容，言简意赅。第六类是中短篇小说，

---

① 傅彬然：《记夏丏尊先生》，载夏弘宁主编：《夏丏尊纪念文集》，浙江省上虞市文学艺术界联合会 2001 年版，第 97 页。

如《猫》、《流弹》等，都是与自己生活经历紧密联系的写实小说。这里需要交代的是，夏丏尊的小说创作颇受坪内逍遥、田山花袋等日本自然主义派作家风格和日本"私小说"的影响。他的小说是基于现实而非虚构的，写的内容大多是自己熟悉的题材，表现的是特定知识阶层的生活境遇，特别注意刻画人物内心的微妙状态，尤其是对主人公消极心态的剖析与揭露，在平静中展示生活的真实与心理的丰富。

夏丏尊对社会百态感触很深，淡泊名利，远离官场。与此相对照，他对于"平凡的民众"似有一种天生的亲和感。认为"高山不如平地大"，"好的艺术家必和大众接近，同时为大众所认识，所爱戴"，"这情形原不但艺术上如此，政治上、道德上、事业上、学问上都一样"。① 这是他的一种艺术主张，同时也是他创作方面的追求。

夏丏尊的一些文章是围绕身边的人物和生活琐事展开的，文中寄托着他对广大平民阶层的关注。《猫》流露出兄妹、姑嫂、姑侄间的浓浓亲情，给人真善美的启迪。《学斋随想录》情系大众百姓，为他们的贫困生活而忧愁，对社会不平现象表达了强烈的愤慨。《春的欢悦与感伤》写春天来临，但心情并不欢悦，反而是感伤多于欢悦。"局促在都市中的人，是难得见到春日的景物的"，而"乡村的凋敝我是知道的"，春日美景也与乡人无关。那么，"春在哪里呢？有人说'在杨柳梢头'，又有人说'在油菜花间'，也许是的吧？至于我们一般人的身上，是不大有人找得到的"。这里表达的不是骚人墨客之情，而是最普通的平民情怀。至于写劳动者和苦难者的作品，如讴歌人力车夫的《黄包车礼赞》，悼念遭遇不公的中学生的《悼一个自杀的中学

---

① 夏丏尊：《阮玲玉的死》，《夏丏尊文集》（平屋之辑），浙江人民出版社1983年版，第204页。

生》等，从题材内容、表达风格等方面都显示出了作家本真朴实的平民情怀。

特别需要指出的是夏丏尊对知识分子中"平民阶层"的认识与表现。在《知识阶级的运命》一文中，他对所谓的"知识阶级"作了具体的分析，认为知识阶级"上层近于资本家或正是资本家，下层的近于无产阶级或正是无产阶级"，而当时中国又以下层知识分子居多，这一"阶级的状况真实惨淡，实业的不发达，政治的不安定，结果各业凋敝，而首当其冲的就是那附随各业靠月薪过活的知识阶级。无职的求职难，未结婚的求婚难，有子女的教育经费难，替子女谋职业难，难啊难啊，难矣哉，知识阶级的人们！！"①在这里，夏丏尊为下层"知识阶级"鸣不平，为他们遭遇的种种厄运发出无尽的感慨，至今读来仍令人动容。对下层知识分子命运的关注，实际上也是一种"平民关怀"，而且因其与作者的心灵相通，体现了作者的真情实感，所以表现得更为真切、生动。例如《无奈》写到的"家贫无奈作先生"，便是对"知识阶级"种种艰难的具体写照。还有表现"求职难的作品"，《命相家》中写到一位中学教师失去了职位，不得已沦落为江湖"命相家"，显示了下层知识分子的尴尬处境。

夏丏尊认为，"文学的力量的来源"，得之于"作者方面来的，便是由于作者的敏感"，只有观察力的敏感，方"能于平凡之中发现不平凡，于部分之中见到全体"。其文章平实而又"不平凡"，就源于对事物的细致观察，善于撷取生活片段，捕捉日常生活中有意义的东

---

① 夏丏尊：《知识阶级的运命》，《夏丏尊文集》（平屋之辑），浙江人民出版社1983年版，第98—99页。

西。夏丏尊重视抒写自己的切身经历和感受，《钢铁假山》便是最好的例证。"八一三"被日机轰炸后的上海，弹片"触目皆是"，人们对侵略者充满仇恨，但对小小的弹片往往不大注意。作者别出心裁地用"废墟上捡来的弹片"做成一座"钢铁假山"摆在案头，作警示之用，使自己时时记得侵略者的暴行。作品撷取了这个颇有意义的人生片段，只用平实的笔墨对其作白描式描写，几乎不发什么议论，就使表达的意义凸显。其成功之处就在于以小见大，立意新颖，这样作品也就有了感人的力量。

总之，夏丏尊以其素淡的文笔和平实的风格，得到了文学史家和文学研究者的好评，被誉为"铸就了白马湖风骨"。他的《白马湖之冬》一文则被尊为"白马湖散文的正宗之作"、"白话记述文的模范"。此文写于1933年，夏丏尊虽已迁居上海多年，但依然葆有对这片净土的忆念。作品选取白马湖冬日的场景，用写意笔法，写自己对白马湖边"冬的情味"的领略，通篇弥漫着一种深沉的、引人遐思的情愫，比如最后一部分：

> 下雪原是我所不憎厌的，下雪的日子，室内分外明亮，晚上差不多不用燃灯。远山积雪足供半个月的观看，举头即可从窗中望见。可是究竟是南方，每冬下雪不过一二次。我在那里所日常领略的冬的情味，几乎都从风来。白马湖的所以多风，可以说有着地理上的原因。那里环湖都是山，而北面却有一个半里阔的空隙，好似故意张了袋口欢迎风来的样子。白马湖的山水和普通的风景地相差不远，唯有风却与别的地方不同。风的多和大，凡是到过那里的人都知道的。风在冬季的感觉中，自古占着重要的因

素，而白马湖的风尤其特别。

现在，一家偶居上海多日了，偶然于夜深人静时听到风声，大家就要提起白马湖来，说"白马湖不知今夜又刮得怎样厉害哩！"①

倘若说夏丏尊是白马湖派的领袖人物，那么诸位同人就是扛大旗者。白马湖作家群以散文创作著称，其中有被称为"白马湖四友"的夏丏尊、丰子恺、朱自清、朱光潜，还有长期与白马湖结缘的俞平伯、叶圣陶、刘延陵等，他们都是新文学大家，在文学史上有较高的地位。白马湖作家群"首重人格修养，次重文艺学习"，将自身人格修养置于艺术创作之上，创作中渗透着作家自我人格的建构，这是他们共同遵循的原则，也素来为文化界人士所称道。②

---

① 夏丏尊：《白马湖之冬》，《夏丏尊文集》（平屋之辑），浙江人民出版社1983年版，第162页。

② 参见傅红英：《论夏丏尊作为白马湖散文代表的创作精神与艺术诉求》，《绍兴文理学院学报》2017年第1期。

第三章

《一般》不一般

一、立达功勋

1925 年，春晖中学风波后，夏丏尊、丰子恺、刘薰宇、周为群等相继离开白马湖，去了上海。这时，先前抵沪的匡互生出面邀请原在上海的胡愈之、周予同、刘大白、夏衍、章锡琛及从春晖去上海的老同事朱光潜、丰子恺等组织立达学会，并提议创办立达学园，经过学会协商同意，立达学园从此诞生。

当时匡互生身无分文，恰好丰子恺把白马湖的"小杨柳屋"卖了七百元，在匡互生的精心策划下，在上海买来别人拆房拆出的木石砖瓦，盖起了四间简陋的房屋。1925 年秋，立达学园就借这简陋的房屋开学了。命名"立达"，是借用孔子在《论语》中说的"己欲立而立人，己欲达而达人"为办学宗旨；不称"学校"，而称"学园"，以寓"学校犹如花园，而教育犹如园丁培养花木"之意，通过学生习园艺、种蔬菜、培植果树等实践，领悟到通过劳动认识自然并改造自然的意义和目的。教师们不但改革管理制度，还改革教材内容，刘薰宇、周为群、章克标以新的体系编了算术、代数、几何一整套教材；夏丏尊、许钦文、唐弢等教语文，从不让学生死记硬背，而是主张多读范文和好的文学作品，使学生博闻广识。学园还两次请鲁迅先生去讲演。

立达学园在匡互生的主持下，虽只办了短短 8 年，却在全国范围内赢得了声誉，为国家培养了不少人才。夏丏尊在学园创建期间也出了一份力量。建校舍时，他通过任银行经理的四弟夏质均，以尚未建成的校舍为抵押，借了一万五千元，作为修建经费。他还帮助学校四处邀请师资。基于如此贡献，夏丏尊与匡互生、刘薰宇、陶载良、丰子恺、陈之佛、袁绍先、练为章、钱梦渭 9 人被推举为立达学会常务委员会委员。之后，学会会员增至 57 人，其中不乏刘大白、朱光潜、陈望道、李石岑、易培基、周予同、夏衍、沈雁冰等沪上文化学术名流，影响颇大。

夏丏尊提倡爱的教育，注重人格培养，同时也强调要制订相应的制度规范来进行外在约束。当时立达学园里的不少教员推崇克鲁泡特金的无政府主义思想，不同意制订规章，双方一度僵持不下。实在无法，夏丏尊便辞去了学园的行政职务，一心做个国文教师。

他负责中国文学进修班，力主多读范文，多读优质的经典作品，不要沾染"鸳鸯蝴蝶派"那一些路数。他经常批改学生的作文直到深夜。改到好的文章，他时常按捺不住激动的心情，去敲开同住的教员的房门，喊道："来看，来看，好文章！"

与夏丏尊如此忘我投入教学工作形成反差的是，由于经费拮据，立达学园的教师每月只拿二十多元的生活费。夏丏尊每周从白马湖赶赴江湾校区授课两次，都要自己垫付路费。据学生张志渊回忆：

> （夏丏尊）教授的薪金一个不拿，每月还倒贴不少的旅费——这旅费，是他用心血在深夜写文章得来的！在两年当中，我没有见他换过一顶新帽子，穿过一件新衣服；半秃的脑袋上，总是那顶茶色的呢帽，帽的褶缝已经破了，冬天穿的是一件深灰布棉袍，夏天则是洗旧了的白绸大褂，高大的身材，诚恳的面貌，朴素的衣着，当他上第一课出现在高高的讲台上时，同学们都偷偷笑说："恰像一个农夫。"①

看似滑稽，实则令人敬佩，认真的师者风范跃然纸上。

课堂上，除却计划的内容外，夏丏尊还不时激励学生，要具备立于乱世的意志。当时因政局动荡，很多学生内心非常苦闷，夏丏尊经常对学生讲，黑暗势力是会没落的，但在没落之前，它一定要挣扎，在它挣扎的这个时期，大家是要饱受痛苦的。他还特意做演讲，希望内心苦闷的青年们鼓起勇气去铲除那使广大群众痛苦的根苗。可见，身为师者，夏丏尊是十分称职的。

---

① 张志渊：《哀忆丏尊师》，载夏弘宁主编：《夏丏尊纪念文集》，浙江省上虞市文学艺术界联合会 2001 年版，第 40 页。

二、创刊《一般》

在立达学园期间，除去日常教学，夏丏尊还承担着编辑学会刊物《一般》的重任，这也成为其出版生涯中颇为重要的一步。

1926 年，《一般》杂志创刊于上海，该杂志为月刊，大 32 开，由立达学会主办，通过开明书店发行。1926 年 9 月 5 日出版第 1 卷第 1 期，1927 年 5—8 月曾停刊 4 期，至 1929 年 12 月出到第 9 卷第 5 期停刊，每 4 期为一卷，共出 9 卷 36 期。《一般》的主编第 1、2 卷由夏丏尊担任，第 3、4 卷由方光焘担任，第 5 卷第 1 期之后又改由夏丏尊担任。在中国期刊史上，取名为《一般》的杂志共有 9 种，而立达学会主办的《一般》则是延续时间最长、影响最大的一种，引来同行的不少称誉。比如一份创刊于 1944 年的《一般》杂志就在创刊号上表示："《一般》两字，在中国文坛上很早就被人使用过了，那是一个很受人欢迎的综合杂志，可是我们的沿用《一般》绝无冒牌顶替之意……"可见《一般》在当时拥有的社会影响力，这份《一般》并不一般。

作为《一般》的创办者，立达学人是一群志趣相投的同志，他们兼有教育家、文学家、出版家的多重身份，接受过五四新文化运动的洗礼，"立人"的思想贯穿于他们的教育、创作及出版等文化活动中。在教育上他们主张"人格教育"；在文学上，相比鲁迅式"以破为立"的主张，他们是相对温和稳健的。他们反对"文学为艺术而艺术"的口号，坚持平民的写作立场。而对于二三十年代革命文学的兴起，他们持相对疏远的态度，认为"中国社会闹得如此之糟，不完全是制度问题，是大半由于人心太坏"①。

当时政局动荡不堪，社会混乱，众多青年人在变动纷繁的环境中迷茫彷徨，蹉跎青春，这是令立达学人们所痛心疾首的。正如《一般》诞生号所讲，"说起现在的思想界，真是混沌极了，甚么国家主义、甚么社会主义，甚么甚么，在我们一般人看来，真是五花八门，无所适从"②。时人曾对当时的出版界作如此评述："现在出版的东西，虽然如许的多，但……真正有价值的，真是天上的晨星，空谷足音。"③一些"近乎政治或是关于青年问题的刊物，也老是兜圈子，反复说他们会说实话"；而另一些文艺刊物，"虽大呼革命文学，而无一好作，大家仍大印吊膀户小说骗钱"。貌似刊物品种繁多，思想界各种主义盛行，然而实际上却让求知欲旺盛的青年学生常感无所适从。《一般》杂志同人认为，当时出版物虽各有门类，却"比学校里的课本还难懂"，并且似乎与一般人的生活无直接关系，因而使人阅读兴趣不大。在这样的背景下，《一般》杂志创刊，"给一般人作指导，救济思想界混沌的现状"，则显得十分必要，显示了他们的时代担当。

立达同人们彼此相似的职业身份，使他们更容易产生认同感。他们大多身兼数职，既是教师，又是作家，同时又兼顾编辑出版。更难能可贵的是，他们中的多数人曾在白马湖任教，又因共同的教育理想奔赴上海，共同创建立达学园。作为 20 世纪上海教育界的重要文化现象，立达学人怀着"立人"的梦想在教育改革中苦苦探寻。他们

---

① 旷新年：《1928 年的文学生产》，《读书》1997 年第 9 期。
② 佚名：《〈一般〉的诞生》，《一般》1926 年第 1 卷第 1 期。
③ 赵幼龙：《对于现在出版界之批评》，《现代评论》1925 年第 2 卷第 31 期。

虽继承五四以来的文学主张，但同时也有别于"以破为立"的文化姿态，思想更为宽容；他们的文学创作虽笔法不同，但都是从现实主义出发，怀着"文学为人生"的理想，处处彰显平实质朴的风格。他们的出版活动支持着教育与文学活动，三者为着共同的理想目标相互呼应，出版与教育、出版与文学、教育与文学构成了一体多面。正是因为立达学人之间密切的地缘关系、职业关系等构建起来的人际网络，才使他们呈现出鲜明的特色。

1926年3月的一天，立达学会召开全体会员大会，胡愈之倡议出版《一般》杂志，夏丏尊、郑振铎、刘薰宇、李石岑四人筹备杂志编辑事宜，胡愈之、章锡琛负责印刷发行事项。1926年8月8日，《文学周报》刊登了"《一般》将在9月5日出版"、"由夏丏尊先生主干"的广告。1926年9月4日，《申报》刊登了《一般》创刊的消息："立达学会夏丏尊编辑之《一般》杂志，归宝山路宝山里开明书店发行，其第一期诞生号已于近日出版，内容极为精美丰富，有夏丏尊、叶圣陶、孙福熙创作小说及范寿康、刘叔琴、刘薰宇、匡互生诸人论文，其中书报评林一栏尤为该志唯一特色。对于新出之书籍杂志，均有极详细之批评介绍。该志发刊宣言，自称对于各种主义，都用平心比较研究，给一般人作指导，救济思想界混沌的现状，介绍学术，努力于学术的生活化，用清新的文体力避平板的陈套、替杂志界开个新面，堪称无愧。"

《一般》诞生号中曾有如下说明："本会曾于去年六月发刊《立达》季刊第一期，后因种种原因未能继续。自本年九月起即编辑本月刊由开明书店印行"，因而有人认为《一般》是《立达》的延续，其实不然。《立达》季刊自1925年创办后只出一期便停刊，之后便以月刊的形式继续出版，① 刘薰宇曾就《立达》重刊作以下解释：

> 立达学会发行月刊的事已经筹备妥当，定名是《一般》，从下期九月开始。这本月刊大体以供给青年的一些补充知识为宗旨。关于立达学园的实际状况及立达同人所有的不必是为一般青年发的言论，《一般》中当然不便收入，为此本刊仍继续出下去了。②

因而，《一般》与《立达》内部有具体分工，《立达》更偏向于校刊性质，而《一般》是面向全国发行的青年读物。

经笔者考证，夏丏尊在《立达》创刊号上曾以丏尊的笔名发表过一篇题为《论记叙文中作者的地位并评现今小说界的文字》的文章，后收录于其和刘薰宇合编的《文章作法》一书内。在此文中，夏丏尊就作者在记叙文中的地位给出了明确的主张，即"至于记事文与叙事文，乃如实记述事物的文字，态度纯属客观，作者在文字上无现出的必要，并且现出了反足以破坏本文的调子。因为记叙文的使命，不在议论某事物的好坏，解释某事物的情形理由，乃在将作者对于某事物的经验如实传给读者，使读者从文字上也得同样的印象。这时候作者所处的只是个媒介的地位。媒介虽有拉拢男女之功，然在已被拉拢的男女之间，却是大大的障碍物，非赶快躲避一旁不可的"。③

---

① 《立达》刊物目前在下列图书馆尚有部分收藏：中国国家图书馆、北京大学图书馆、上海图书馆、中国人民大学图书馆、南京大学图书馆、湖南省中山图书馆、中山大学图书馆等，但收藏均不齐全。

② 薰宇：《重编本刊》，《立达》1926 年 4 月。

③ 丏尊：《论记叙文中作者的地位并评现今小说界的文字》，《立达》1925 年第 1 卷第 1 期。

《一般》最初由夏丏尊主编，这自然得益于他丰富的编辑经验以及他在《一般》同人中所处的核心地位。当刊物出至第 2 卷第 4 期时，停刊了 4 个月，后由方光焘继任主编。方光焘在编辑后记中说：

> 丏尊辞去主干，叫我来充数。
>
> 本志为了种种障碍，停刊四期，迟到今日才把三卷第一期编就。①

停刊更换主编的背后原因，其实也不难理解。大致情况就是夏丏尊除了担任《一般》主编外，从 1927 年起还为开明书店做编辑工作，事务繁忙，同时他仍在立达学园任教，1926—1927 年间又应陈望道之邀任复旦大学语文教授、暨南大学中国文学系主任，工作量大，任务艰巨，负担很重，以至于他时常感叹自己未老先衰："三十五六岁后，我就感到身体一年不如一年，工作起不得劲，只是恹恹的勉强……不知道我年龄的都说我是五十光景的人，近来居然有许多人叫我'老先生'。"另一方面，夏丏尊辞去主编还与他的心情有关。1927年四一二反革命政变发生，国民党加紧对共产党的迫害，夏丏尊原来在浙江一师的学生叶天底，后任中共上虞县委书记，在此次事件中被捕。夏丏尊求助时任教育部次长刘大白，刘不肯相助，叶天底最终英勇就义，而另一学生宣中华也被杀害，夏丏尊愤慨难平，发出"宁愿早死，莫做先生"的激愤言论，决心辞职回乡。1928 年 1 月 10 日晚，王伯祥等人"散馆后往开明编译所，与雪村、调孚、愈之、中舒、圣

---

① 方光焘：《编辑后记》，《一般》1927 年第 3 卷第 1 期。

陶、予同、石岑、光焘等共饯丏尊。盖丏尊近辞一切教职，将归白马湖暂休也"①。

《一般》由方光焘接手后，它的办刊方针、栏目设置、作者群并无太大的改动，基本沿用夏丏尊的办刊风格。主持八期之后，方光焘无奈表示："编者因俗物纷繁，以致本志时时延期，实在抱歉之至，自第五卷起仍由夏丏尊先生担任编辑之职。"②

《一般》在创办之初，同人们干劲十足，但仅仅维持一年后，便开始叫苦不迭，"开头是人拼命要办杂志，后来是杂志办得人要拼命"。其中原因诸多，包括人力财力匮乏，稿源严重枯竭，而开明书店出版定位趋于明朗，终致《中学生》杂志取代《一般》。《一般》杂志在出版 36 期后停刊。

三、《一般》旨趣

《一般》的刊物定位十分明确，就是一本针对青年的杂志。创刊号由夏丏尊题字设计，封面插画则由丰子恺绘制完成。在夏丏尊担任主编时期，丰子恺负责装帧设计，方光焘、胡愈之、叶圣陶、刘薰宇、刘叔琴、郑振铎等担任责任编辑。之所以取名为"一般"，含有"平常、普通、平凡、大众"之意："一般的人，写一般的文章，面向一般的读者。"《一般》杂志第 1 期没有沿用其他刊物惯用的"创刊号"一词，而是别出心裁地取名"诞生号"。"诞生"一词有特殊含义，实

---

① 张廷银、刘应梅整理：《王伯祥日记》第二册，中华书局 2020 年版，第 694 页。
② 方光焘：《编辑后记》，《一般》1928 年第 4 卷第 4 期。

则与《一般》同人的教育理念相似，他们认为教育需具备连贯性，正如匡互生所言："一个人如果能从进幼稚园起至入大学为止，在一个学校中，只要学校办得好，他所受的影响一定会比进四五个学校好些。"[①] 叶圣陶也认为"改革教育的意识不能不从早唤起，改革教育的工具不能不从早准备"[②]。《一般》同人希望《一般》就如一个在他们手中呱呱坠地的小孩，通过对其精心呵护、认真培养，使其能够茁壮成长、大树参天。《一般》的发刊词，由夏丏尊担纲撰写，内容不是鸿篇大论，也不是呼喊口号，而是通过对话形式，向读者展现了《一般》创办的目的、宗旨及特色。

> "好久不见了，你好！"
>
> "你好！"
>
> "听说你们要出杂志了。真的吗？"
>
> "真的。正在进行中。"
>
> ……
>
> "你喜欢看杂志吗？……"
>
> "看呢，……我虽然也入过学校，但并无专门知识，杂志中的洋洋大文，觉得比学校里的课本还难懂，并且似乎与我们一般人的生活上，也无直接关系，所以总不十分发生兴味。"
>
> ……

① 匡互生：《立达、立达学会、立达季刊、立达中学、立达学园》，载北京师范大学校史资料室：《匡互生与立达学园》，北京师范大学出版社 1985 年版，第 53 页。

② 叶圣陶：《开明书店二十周年》，载叶至善、叶至美、叶至诚编：《叶圣陶集》第 6 卷，江苏教育出版社 1989 年版，第 225 页。

"请问你们的杂志，将来属那门类呢？"

"想并不拘于那一门类，只做成一种一般的东西。"

……

"那末，你们的主张怎样？……你们预备取那一条路？"

"我们也并不想限定取那一条路，对于各种主义，都用平心比较研究，给一般人作指导，救济思想界混沌的现状。"

"注重研究学术吗？"

"当然，不过我们想和人家方法不同一些。要以一般人的实生活为出发点，介绍学术，努力于学术的生活化……我们将来想注重趣味，文学作品不必说，一切都用清新的文体。力避平板的陈套，替杂志界开个新生面。"

……

"很好，很好，那末，将来这杂志叫做甚么名称呢？"

"……就叫做'一般'罢。好在我们无甚特别，只是一般的人，这杂志又是预备给一般人看的，所说的也只是一般的话罢咧。"

……①

正如夏丏尊所言："一般的目的原想以一般人为对象，以实际生活出发来介绍些学科思想"，"用清新的文体，致力于学术的生活化"。《一般》的针对性很强，是给那些上过学校但并无专门知识的，或接受中低等教育的学生阅读，是重在传播新知、普及文化、提高修养

---

① 佚名：《〈一般〉的诞生》，《一般》1926 年第 1 卷第 1 期。

的社会读物。编辑之一刘叔琴在强调一般与特殊之间的关系时指出："一般的特殊化，是生活或文化本身的提高，特殊的一般化，是大多数人生活或文化的提高。这是一般人所应该努力的目标，当然也是我们《一般》同人此后想努力的目标，打算猛进的大路。"① 这明确地反映了《一般》同人期望依托这本杂志介绍科学文化知识，通过普及新文学、新教育来提升普通大众的文化知识水平。这样的办刊思路与《一般》同人的文化与教育理念是一脉相承的。

夏丏尊能够胜任《一般》杂志主编，是长期积淀的结果。综观他的编辑生涯，主要分为三个时期：最早可追溯到春晖中学时期，夏丏尊主编《春晖》半月刊。此后他一边教书，一边从事编辑出版工作，1926 年在立达学园任教并主编《一般》杂志。1930 年在《一般》停刊后，他主编开明书店《中学生》杂志，并担任开明编译所长十余年。梳理此轨迹，可以看出夏丏尊主编的《一般》杂志在其编辑生涯中处于承上启下的地位，这其中既包括了对《春晖》半月刊的继承，同时也蕴含了对《中学生》杂志的创新。

根据现存仅有的 8 期《春晖》杂志来看，办刊主要意图在于提高青年学生的修养，传播新知，这种主张在夏丏尊主编《一般》时期得到很好的继承。此外，《春晖》在第 16 期后开始分 7 个栏目编排，其中设有《白马湖读书录》，主要发表教职工的读书札记，这与《一般》杂志的《书报评林》栏目旨趣相近；《课余》栏目主要发表师生的杂感，与此对应，《一般》杂志有同人撰写的《一般的话》栏目；《半月来的本校》栏目主要刊登学校新闻，《一般》创设的《时事摘要》栏目与此有相通之处。

---

① 叔琴：《一般与特殊》，《一般》1926 年第 1 卷第 1 期。

可见《一般》杂志的部分栏目与《春晖》有异曲同工之妙。可以这么讲，创办《春晖》杂志是夏丏尊胸中新文化与新教育理念结合的一次初步实践，也是他出版编辑生涯的起步；主编《一般》杂志则是夏丏尊落实其相关理念的继续与深入，是其出版编辑生涯的再出发。没有《春晖》的初创，便没有之后《一般》的成功。

当然，《一般》从无到有，并非夏丏尊一人之功。以他为首的《一般》同人乃是现代知识分子的典型代表，他们在教育、出版、作家等职业中精心耕耘，在每个岗位上肩负文化启蒙、知识传播的重责。

《一般》杂志不看重出版的商业性，重在强调"开启民智"。夏丏尊认为出版事业应该以"传达文化，供给精神食粮为职志"。夏丏尊等同人皆是义务写稿，义务编辑。章克标曾回忆道："为《一般》写稿的，大都是立达学会会员，不取稿酬，当编辑也是义务的。"没有稿费自然受限于杂志的经济条件，同时也彰显了夏丏尊等人作为编辑，将文化信念置于经济利益之上的态度。夏丏尊免费在《一般》杂志上刊登了18篇文章。外来投稿的稿酬问题，《一般》同人曾作出具体说明："投稿如希望得酬，刊载后当酌奉薄酬。"换句话说，如无特别说明，则视为不计稿酬处理。然而义务提供稿件的人毕竟是少数，其结果造成稿源枯竭，人气下降。夏丏尊等人终于还是碰壁了，自第5卷起《一般》刊登征稿启事并说明："来稿一经刊登，酌赠现金或开明书店实价书券。如投稿人欲自定价值者，亦请及时声明。"这自然是对现实的妥协。但《一般》同人仍秉持最初的理念，将《一般》杂志与纯粹的经济运作相区分。他们将出版、教育、文艺作为事业而不仅仅是职业，如同他们在创办立达学园时，有的卖地，有的卖屋，不仅不收课时费，甚至还为学校贴钱，这种精神在当时确实难能可贵。

虽然《一般》的发行时间并不算长，但先后有 200 多位作者为其撰稿，其中固定作者如下：

姓名	文章篇数	姓名	文章篇数
章克标	56	萧哀	8
丰子恺	38	赵景深	7
刘薰宇	29	朱自清	7
夏丏尊	18	陈登元	7
朱光潜	17	叶圣陶	6
方光焘	16	程绶白	6
刘叔琴	16	江绍原	6
胡愈之	10	周为群	5
魏肇基	9	徐调孚	5
钟敬文	9	周予同	5

这 20 位作者的背景大致可划分为三类：一是立达学会的同人，他们毫无疑问是刊物的创作主力；二是与立达学会关系密切、声气相求的友人，如叶圣陶、赵景深等；三是在学术旨趣上较为相近、也有意投身青年教育的学者，如钟敬文、江绍原等。而他们中的大多数人都与夏丏尊有着或深或浅的渊源与交谊，由此可知夏丏尊在《一般》杂志的地位和作用，以穿针引线、不易替代来形容，似不过分。

《一般》杂志的栏目设置是经过精心设计与策划的，体现出浓厚的"一般"风格或者说"夏氏"风格。主要包括《论文》、《文艺》、《书报评林》、《读者与作者》、《一般的话》等。

作为《一般》的招牌栏目，《论文》栏目刊登的文章内容丰富，涉及面颇广，包括社会问题、科学知识、青年教育、学术研究等。社会问题以胡愈之、亦乐等为主要撰稿人，对国内外重大事件和政治、经济、文化等方面存在的种种现象进行评论。如胡愈之撰写的《我们的时代》、《一九二六年的国际问题》、《十月革命的十年》、《向左转之英国政局》、《英俄冲突与二次世界大战》，亦乐撰写的《中国现在有没有政党》等。科学知识方面的文章主要是对天文学、物理、化学、数学等知识的普及。如匡互生的《趣味丰富的秋的天象》、张凤的《形数检字法》、丰子恺的《秋的星座及其传说》、程绥白的《香的化学》、夏承法的《关于真空》等。《一般》同人认为数理化是"一般人应该有的知识"，并立志要在科学方面"多供给一些有趣味的文字"，此类科学小品文篇篇文笔生动，妙趣横生，深受学生喜爱。有关青年教育的文章在此栏目中占有较大的比重，这与《一般》同人重视青年学生的教育是分不开的。内容涉及青年的生活教育、审美教育等诸多方面，其中朱光潜的《给青年的十二封信》，对青年读者的影响很大，夏丏尊曾说《一般》创刊以来"这十二封信是最好的收获"。丰子恺对青年审美教育不遗余力，在杂志上发表了30余篇有关审美的文章，如《中国画与西洋画》、《女性与音乐》、《现代西洋画诸流派》，对中西方的美术、音乐等作了详细介绍。另外，如刘薰宇的《青年底生活问题》、《告失望的朋友们》，周为群的《再论青年生活问题》、《青年的一种烦闷》皆是以生动的例证，具体的说理来厘清青年心中的各种困惑。学术研究文章涉及哲学、心理学、社会学、文学等方面，其中不乏如蔡元培的《说民族学》、李石岑的《新伦理观与旧伦理观》、方光焘的《文学之社会学的研究方法及其适用》等大家之作。

《文艺》栏目主要刊登一些原创的文艺作品或是外国文艺作品的译介，内容包括小说、诗歌、杂感等。原创小说主要由《一般》同人撰写，包括夏丏尊的《长闲》、《猫》，叶圣陶的《遗腹子》、《苦辛》，丰子恺的《法味》，章克标的《岁暮》等；译介的小说主要包括日本的芥川龙之介、国木田独步、田山花袋、武者小路实笃，法国的曹拉（左拉），俄国的柴霍夫（契诃夫）等人的作品，其中如国木田独步、田山花袋、曹拉等皆是自然主义派作家。诗歌在《补白》栏目中占绝大比重，在《文艺》栏目中为数不多。杂感所占比重较大，像夏丏尊的《文艺随笔》、朱光潜的《旅英杂谈》、朱自清的《那里走》都是通俗易懂且寓理于事的随笔佳作。

《书报评林》栏目包括《读书录》和《介绍与批评》两个子栏目，栏目的设置旨在"纠正出版界的混乱现象，养成一般人的读书趣味"，"专载读书录，及新出版物的介绍及批评，希冀以作一般读书社会的指导"。《读书录》栏目接受外稿，主要刊载对图书或杂志的读书札记，但对于不入流的书稿，"本栏盖不代为介绍"。以第 1 卷第 1 期为例，刊登的既有同人夏丏尊撰写的《张资平氏的恋爱小说》，也有外稿沈本权的《评商务印书馆的〈学生杂志〉》等。《书报评林》在整期中占了近三分之一篇幅，以至于编者也表示"似乎太多了"，"但又想到国内出版批评的缺乏和重要，觉得多些反而好……"。《介绍与批评》栏目所评述者"以最近的国内出版物为限"，一般由同人撰写，标明每本书的作者、译者、出版社、出版页数、定价等信息，对书目的大致内容、读者定位、优缺点以及是否推荐有较为详细的介绍。可以说，《一般》的《书报评林》在民国同类书评栏目中是很有分量与参考价值的。

《读者与作者》栏目自第 1 卷第 3 期起设置。《一般》诞生之后陆续收到很多读者函件，其中有赞许的，也有陈述意见或是对某些文章加以讨论的。"但为不损读者与兴味计，普通称颂和无关大要的，概不登入，而主要对诘责的诸君，由笔者加以答复。"因此本栏主要刊登的是笔者与读者之间的争鸣类文章。这一栏目并非固定，编者也说"此后这栏立与不立，视有无重要文件而定，并不一定期期都有"。如以第3期为例，本栏刊登5篇文章，涉及与3位读者的论争，分别是陆定一与刘薰宇就《青年的生活问题》、张竞生与周建人就《关于性史的几句话》以及萧恩承与夏丏尊就《教育哲学》展开的争鸣。从中可以看出《一般》同人在新道德与旧道德、新伦理与旧伦理争论中所持的立场与态度。

《一般的话》栏目自第4卷起开设，开设的目的正如《一般》同人所言："在每日每日的生活当中，一个人总免不了有些片段的感触，值得贡献于朋友的。但这类的材料往往因为不能构成一篇形体完备的文字，只好收藏在个人的脑袋。我们觉得这样又未免可惜，所以从明年起，决定信笔写出，也作本刊的一栏，定名为一般的话。"①同人虽有志于此，但第4卷到第6卷此栏目刊登的文章很少，自第7卷起开始每期有六七篇文章，逐渐形成一个独立的栏目。《一般的话》主要的撰稿人有章克标、刘薰宇、萧哀，内容涉及广泛，包括对社会现象的评论，同人身边奇闻逸事的杂感及文化知识的普及等。

除以上常设栏目外，《一般》杂志还有《寄赠与交换》、《时事摘要》等栏目。此外，《补白》也是该杂志的一大亮点，共计100余篇，有诗歌、随笔等体裁。

《一般》杂志的栏目设置并不十分固定，这一方面受限于同人对稿件质量的严格要求，导致有时组稿困难；另一方面因同人的精力和时局变化所致，栏目设置会有所调整。但从总体的设置及内容来看，《一

---

① 岂凡：《一般的话》，《一般》1928年第4卷第2期。

般》杂志着重刊登有关青年教育问题的文章及文学作品、文学评论，致力于推动新教育、新文学的建设，这一初衷贯穿始终，从未偏离。

四、《一般》不一般

既然将《一般》杂志定位为向一般青年普及新鲜知识，帮助他们提高个人修养，那么杂志就要努力做到以下三点：

第一，是能批示青年生活的迷路；第二，是能安慰青年生活的寂寞；第三，是文笔篇篇有一种特别的风趣，使人百读不厌……①

换言之，好的杂志必须思想性、知识性与趣味性三者兼具，而《一般》恰恰做到了。夏丏尊等人在杂志编排上有意呈现出对读者进行思想启蒙、知识普及和创作互动的特点。就创刊号来说，编排的文章既有满足读者社会认知需求的《中国的国家秩序与社会秩序》，也有贴近读者实际生活、具有一定启发作用的《青年底生活问题》，亦有补充读者知识、供给科学养分的《趣味丰富的秋的天象》，还有增长读者见识、拓宽视野的《旅英杂谈》，以及满足文学欣赏需求的小说《不死》、《遗腹子》、《长闲》等，这种短文杂排的方式有利于读者对文化知识进行综合、全面的吸收。同时，《书报评林》与《介绍与批评》栏目加强读者在选择书目时的针对性与有效性，《读者与作者》

---

① 李武宗：《书报批评》，《语丝》1926 年第 101 期。

栏目有利于读者与作者有效的沟通互动。总之在编排的量以及质上，夏丏尊多次坦言，自信"无愧于读者"。此外，夏丏尊与他的同事们重视插图的效果，文图结合的编排设计在内容上增加了丰富性，在形式上增加了艺术性，这当然也是为读者服务意识的一种体现。

在杂志内容方面，夏丏尊准确把握了读者的阅读心理。鉴于杂志界"洋洋大文，却与一般人不相干"的现象，夏丏尊在内容选择上特别强调了"注重趣味"和"力避平板的陈套"。针对科学知识、学术性文章，夏丏尊等人力求将其生活化、通俗化，如匡互生的《趣味丰富的秋的天象》、丰子恺的《秋的星座及其传说》、夏承法的《关于真空》等文皆是用朴实的笔调，深入浅出地介绍科学知识。如丰子恺在介绍星座时，从自己与小女儿阿宝关于星星、地球是什么的对话切入，用叙述故事的方式解释各个星座，讲"一般的话"。在与读者的沟通中，夏丏尊等以亲切的称呼与读者建立联系，如在"诞生号"介绍以及《给青年的十二封信》等诸多文章中皆是以"朋友"称呼读者，于文末署"你的朋友"，这显然是一种朋友之间谈话的风格，平易近人，如春风化雨般滋润青年。用读者最熟悉的口吻，最习惯的方式，最亲切的称谓，传播最急需的知识与思想，这就是《一般》杂志推广新知的独特方法。

倘从《一般》杂志所体现的思想特征来审视，人格教育、平民意识是贯彻其中的两条主线。《一般》同人中夏丏尊、丰子恺、刘叔琴等都曾留学日本，他们所推崇的人格教育显然受到留学时接触的教育理论的影响。立达学园同人在对待师生关系上，并没有遵从传统的"师徒如父子"的等级界限，他们拆解了二者间的藩篱，取而代之以一种建立在平等基础上的师生交往。这在他们的创作中也体现出来，如叶圣陶所言："我们常常把读者诸君称为青年朋友，这个'朋友'不是一种浮泛的称谓，欲表示我们真心诚意的把诸君认作朋友。"夏丏尊也表达过同样的情感，他在评价朱光潜《给青年的十二封信》时说："信中首称'朋友'，末署'你的朋友'，在深知作者的性行的我看来，这称呼是笼有真实的感情的，决不只是通常的习用套语。"

立达学园在组织上不设校长，教师和学生之间只有责任轻重之别。在对待学生操行上，学校明文规定不进行形式上的惩罚，也没有复杂的规章制度，而是注重人格感化。可以说，《一般》坚持的人格教育也是建立在情感感化基础上的。

关注平民，创作、出版平民喜欢阅读的作品，是以夏丏尊为代表的《一般》同人们长期坚持的创作与编辑理念。他们不仅构筑平民的社会角色，还号召社会去关注平民，过平民的生活。朱光潜在给青年学生写的信中，号召青年学生不要显摆知识分子的架子，而要积极参与社会运动，到民间去。俞平伯更是指出，要成为平民诗人就必须实现平民的生活，作平民的诗。

五、夏氏烙印

身为刊物主编，夏丏尊除了约稿、编稿外，还为《一般》贡献了19篇文章，详情见下表：

序号	卷号	栏目	篇名	署名
1	第1卷第1期	论文	《中国的国家秩序与社会秩序》（日本长谷川如是闲）	丏尊（译者）

续表

序号	卷号	栏目	篇名	署名
2	第1卷第1期	小说	《长闲》	丏尊
3	第1卷第1期	书报评林	《张资平氏的恋爱小说》	默之
4	第1卷第2期	小说	《疲劳》（日本作家国木田独步）	丏尊（译者）
5	第1卷第2期	专载	《白采》（纪念文章）	丏尊
6	第1卷第2期	介绍与批评	《文章学初编》	默之
7	第1卷第3期	介绍与批评	《哲学辞典》	丏尊
8	第1卷第3期	小说	《猫》	丏尊
9	第1卷第4期	介绍与批评	《人生哲学》	丏尊
10	第1卷第4期	书报评林	《读中国历史的上帝观》	丏尊
11	第1卷第4期	书报评林	《两个美国留学生著的两部天书》	默之
12	第2卷第1期	论文	《艺术与现实》	丏尊
13	第2卷第4期	论文	《第三者》（日本作家国木田独步）	丏尊（译者）
14	第3卷第1期	论文	《第三者（续）》（日本作家国木田独步）	丏尊（译者）
15	第3卷第2期	论文	《南京的基督》（日本芥川龙之介）	丏尊（译者）
16	第4卷第1期	论文	《文艺随笔》	丏尊
17	第4卷第1期	书报评林	《读圣书》	丏尊
18	第5卷第1期	论文	《知识阶级的运命》	夏丏尊
19	第5卷第2期	论文	《关于济南事件日本论客的言论二则》	丏尊（译者）

细阅这19篇文章，便可窥知主持《一般》期间，夏丏尊的关注焦点主要在三个方面：

第一，对于日本作家作品或日本学者关于时局言论的介绍。

因为早年留学日本，夏丏尊的日语非常熟练。他依凭自己的语言优势在《一般》杂志上翻译发表了不少日本文学作品。这些作品以私小说为主，其中影响最大的是国木田独步的作品。国木田独步（1871—1908）是日本自然主义的先驱人物，他的作品时经百余年，读起来仍令人感到清新、自由、朝气蓬勃。

中国文学界对于日本自然主义作品的译介是从引入国木田独步

的作品开始的。1921 年周作人曾翻译过国木田独步的《少年的悲哀》和《巡查》,其后夏丏尊翻译了他的《女难》,刊登于《小说月报》。几年后,夏丏尊又将《疲劳》、《第三者》两篇文章翻译并刊发于《一般》月刊。1927 年,夏丏尊积数年翻译之功,将《国木田独步集》整理完毕,交由上海文学周报社出版,开明书店发行。这是国内第一部国木田独步作品译本,收录有《牛肉与马铃薯》、《疲劳》、《夫妇》、《女难》和《第三者》五篇小说。夏丏尊在序言《关于国木田独步》中指出:

> 独步虽作小说,但根底上却是诗人。他是华治华司的崇拜者,爱好自然,努力着眼于自然的玄秘,曾读了屠介涅夫《猎人日记》中的《幽会》,作过一篇描写东京近郊武藏野风景的文字,至今还是风景描写的模范。
>
> 独步眼中的自然,不只是幽玄的风景,乃是不可思议的可惊可怖的谜,同时就是人生的谜。他的小说的于诗趣以外具有自然主义的风格,和他的热烈倾心宗教,似都非无故的。《牛肉与马铃薯》中主人公冈本的态度,可以说就是独步自己的态度。《女难》中所充满着的无可奈何的运命思想,也就是这自然观的别一方面。
>
> ……
>
> 独步是有这样抱负的人,所以他的作品虽富有清快的诗趣,而内面却潜蓄着严肃真挚的精神,无论哪一篇都如此。
>
> ……可是此后(离婚后——笔者注)的独步,壮志已灰,豪迈不复如昔,只成了一个恋爱的漂泊者,抑郁以殁。啊!《女

难》作者的女难！ ①

字里行间，流露出夏丏尊对国木田独步的同情、惋惜及对其作品时代价值的肯定。在中国的文学团体中，文学研究会大力提倡和宣传自然主义作品，夏丏尊是文学研究会的会员，后又任开明书店总编辑，两翼合璧，成为宣传日本自然主义作品最努力的学人。开明书店还出版过日本"新思潮派"代表人物芥川龙之介的作品。芥川作为东京朝日新闻社派驻中国的记者，在中国待过一段时间，写有《南京的基督》、《南湖的扇子》等文章，也与夏丏尊有些交往。

此外，夏丏尊还特意译介了两篇日本作者关于中国政情的文章，分别是长谷川如是闲的《中国的国家秩序与社会秩序》、吉野作造与长谷川如是闲的《关于济南事件日本论客的言论二则》。长谷川如是闲（1875—1969）毕业于东京法学院，一度为新闻记者，后入大阪朝日新闻社任编辑。1919 年参与创刊《我等》（后改名为《批判》）杂志，抨击社会时弊。在日本走上法西斯道路之初，他就写成了《日本法西斯主义批判》等著作，强烈谴责法西斯统治，因此屡遭迫害。他著有《现代国家批判》、《一颗心的自传》等，著作编成《长谷川如是闲选集》。长谷川如是闲属于反战作家，其言论观点对中国友好，这也是夏丏尊选取他的文章加以译介的原因。在《中国的国家秩序与社会秩序》一文中，作者采用两人问答的叙述模式，就 1926 年前后中国军阀分立的"混乱"局势，进行了一番探讨。通过对谈，日本人给出了他的理论的核心要义——"历史的顺序"：

---

① 夏丏尊：《关于国木田独步》，《夏丏尊文集》（平屋之辑），浙江人民出版社 1983
年版，第 86—89 页。

我们是把历史当作社会的生存过程看了的。问题就在社会史的发展，在中国怎样进行着？要先把这确切地认识了才行。换言之，把中国人民的生活秩序打胜军国的秩序为政治的秩序的过程，设法促进，是第一义的事了罢。①

可见长谷川如是闲的文章，背后是蕴含着社会史学术关怀的，亦可认为他相信普罗大众的力量和智慧才是决定国家民族兴衰的关键，这在当时也是很新潮的观点。夏丏尊将这篇文章引介到国内，想必是有意让国内青年读者了解该观点，激发他们救国的信念。这也是《一般》杂志创办的初衷所在：鼓舞年轻人，告诫他们千万不能对国家前途失去信心。

《关于济南事件日本论客的言论二则》更是直面 1928 年震惊中外的济南惨案。夏丏尊选取了日本刊物《中央公论》（六月号）、《改造》（六月号）发表的两篇文章，介绍了日本舆论界不同于官方媒体的声音。其编选标准由此可见：与官方空洞说法不同、且有其学理的好文章。第一篇文章的作者吉野作造（1878—1933），日本大正年间活跃的政治学者、思想家、明治文化研究家，大正民主运动的发起人，他批评帝国主义侵略政策，主张改革枢密院、贵族院、军部等特权机构。1924 年吉野进入朝日新闻社，积极发表政策评论，后因笔祸而退社。他在此文中认为"……开战，在我国（日本）是一大不祥的事。不问直接的责任在那一方，因此而起的双方的有形无形的损失，是不

①（日）长谷川如是闲：《中国的国家秩序与社会秩序》，夏丏尊译，《一般》1926 年第 1 卷第 1 期。

可胜数的"①。而在第二篇文章中，长谷川如是闲则清醒地意识到事态的严重性，质疑日本侵略之不可取。

第二，对当时新出版的书籍进行介绍与点评。

细览夏丏尊在《一般》上所刊登的书评书讯，推介类文章很少，给予很高评价的仅是冯友兰的《人生哲学》。他的书评多是犀利的、批评式的，其文笔之严肃，与其平日为人可谓对比鲜明。其批评对象大致有三种。

第一种是"故弄玄虚"的出版物。在《两个美国留学生著的两部天书》里，夏丏尊对两位留美学生应成一的《社会讲义》、萧远的《政书》进行了毫不客气的批判。先是《社会讲义》一书，他指出"一看书名，已经令人莫名其妙了。'社会'与'社会学'是两种东西，'社会学'可以有'讲义'，'社会讲义'直是一个不通的名称"。摘选了书中一段文字后，夏丏尊不禁感慨"这真是古今稀有的妙文，比佛经还要奥妙圆融了"。萧远的书，较应氏作品有过之而无不及。光是目次已是让人顿觉"惊世骇俗"，"恍如到了什么宫殿或是仙境里，令人生满目琳琅之感了"，而正文内容也是光怪陆离，不知何意。夏丏尊提醒广大年轻学子擦亮眼睛，认清其本质，对于这类书，只能"无以名之，名之曰天书!"②

第二种是"东拼西凑"的出版物。比如读完新出版的由樊炳清编的《哲学辞典》，夏丏尊颇为不满。其一，虽书名为《哲学辞典》，然"其中寻不出半个中国哲学和印度哲学的名辞，完全是专载西洋哲学名辞的，照理应称《西洋哲学才对》"。不过即使单就西方的哲学，也

① 夏丏尊译：《关于济南事件日本论客的言论二则》，《一般》1928 年第 5 卷第 2 期。
② 默之：《两个美国留学生著的两部天书》，《一般》1926 年第 1 卷第 4 期。

错漏甚多。夏丏尊去检索勿洛伊特（Freud，即弗洛伊德）一词，居然没有，然后他去检索"精神分析"一词，亦无功而返，这令其喟叹"近十年来可以作人生现象的说明的精神分析法和首唱此法的勿洛伊特，竟不能在中华民国十五年出版的《哲学辞典》里占半行的地位，真是咄咄怪事！"

为何由商务印书馆出版的《哲学辞典》这般不尽如人意呢？夏丏尊忍不住从自己的旧书箱中翻出日本朝本十三郎的《哲学辞典》（明治三十八年即 1905 年再版）加以比对，恍然大悟，"原来这书虽号称新编，是以二十多年前的日籍为蓝本翻译过来的。怪不得没有勿洛伊特和精神分析，怪不得连安斯坦、罗素、杜威等名辞要列入补遗中了"。[①] 可见，夏丏尊对于彼时出版界的诸多乱象是有很清醒的认识的，即使大社，出于增加盈利等因素，也会推出一些名不副实的低质量作品。对于读者来说，挑选书籍时需要警惕。这或许成为夏丏尊日后专心投入开明书店出版事业的一大动因。

第三种是"瑕瑜互见"的出版物。龚自知新编了一本《文章学初编》，黄炎培先生给书作了序言，称其"适合高中文科之用"，且声明"大体计划，尝参考西籍数种，而尤以旁证吉能氏《实用修辞学原理》为多"。作为研究文章写法的行家里手，夏丏尊非常善意地提出了三点中肯意见。其一，全书"抽象的议论太多，具体的例证太少"，论证显得空玄。其二，"全书各部分的文字雅俗相差太远"，实际上与教科书的要求不符。其三，该书"文字不妥善"，研究文章学的人，未必一定是文坛圣手，但至少要文字通顺，孰料"全书中竟还有晦涩难

---

① 丏尊：《哲学辞典》，《一般》1926 年第 1 卷第 3 期。

解及不大通顺的地方"。总之，夏丏尊希望作者"能自详加订正，又，如果要出续编的话，也希望小心些!"①

夏丏尊对于当时的文学小说也很关注，在一些杂志(包括《一般》)上发表过自己创作的中短篇小说。同时，他还阅读评析他人的小说。例如他着意选取了张资平的恋爱小说进行了深入细致的剖析。张氏一生创作了数量极多的恋爱小说，有反封建的倾向，但许多篇幅单纯表现男女间的三角关系或多角关系，并在恋爱上面贴上"革命"等标签。在认真读过张氏的《飞絮》、《不平衡的偶力》、《公债委员》、《小兄妹》等 10 种（夏丏尊在原文中写为 9 种，恐是笔误——笔者注）作品后，夏丏尊觉得这些小说"用笔简净，在当代作家中，笔端的无滞气，措词的无累语，恐怕要推氏为数一数二的人了。最可爱的，是作中会话的流利而且有力，在氏的各作中，会话似乎真个是会话，不是别种体式的文字"。他还评价道："恋爱自古称为描写不尽的大材料，原是写不尽的东西，氏的作品很丰富，我所经眼的几篇，或许只是未及一半的一部分，但就这几篇说，恋爱似乎已被氏写旧了。"②此等评论，应是很中允的。

值得一提的是，针对宗教类书籍的获取与阅读，作为"对于宗教无信仰而只有趣味的人"，夏丏尊特意推介了基督教文社出版的由王治心撰写的《中国历史的上帝观》，认为其"能补从来中国基督教空虚的缺憾"。此书长处在于以中国哲学上的"道"、"天"、"中"、"性"、"理"、"心"以及佛教中的"真如"等基本观念来对照上帝的称谓，并"把这种观念一加以拟人的修饰，就是上帝"。更有意味的是，"书

---

① 默之：《文章学初编》，《一般》1926 年第 1 卷第 2 期。
② 默之：《张资平氏的恋爱小说》，《一般》1926 年第 1 卷第 1 期。

中把中国古来诸家的所说引了与圣经的文句两相比较，论其异同，虽然看去也有牵强附会之嫌，但却能自圆其说"，"这种比较的对照，很足使所论不落空玄"，虽未完善，"然不失为中国基督教界的新收获，教外的人拿来当作中国哲学史的参考书看，也不无益处"。①

夏丏尊在短文《读圣书》里，劝告青年读者抽空读一点西方基督教类的作品，毕竟一来"西洋文艺思潮里，基督教思想占有重要的位置"；二来"西洋文学家文体，有许多是模仿圣书的"。在他看来，西方基督教经典，好比是做饭菜的原料，"原不易读，但我们要沙里淘金地从原料里烹调出可口的东西来"。② 此主张，可谓开放包容。

第三，对彼时社会热点现象和问题的评论。

最具典型性的话题就是对"知识阶级"问题的讨论。中共早期领导人瞿秋白在1926年曾指出："五四到五卅，这六、七年确是中国历史上的一个时期，有重大的政治上、文化上的意义。五四时代，大家争着谈社会主义，五卅之后，大家争着辟阶级斗争"，"思想界与政党界左右分化的过程，显而易见是随着国民革命运动的进展而日益激励的"。③这一阶段，也是知识阶级作为一种力量出现整体自觉并介入时局的时期。故而"知识阶级"在这不足十年间，成为社会一时热议的话题。

知识阶级的崛起，虽然气势磅礴，但依然存在着一些问题与弊病，于是社会上仍旧不时出现反思知识阶级自身问题的言论，甚至一度出现"打倒知识阶级"的口号。如何理解这些观点，尤其是怎

① 丏尊：《读中国历史的上帝观》，《一般》1926年第1卷第4期。
② 丏尊：《读圣书》，《一般》1928年第4卷第1期。
③ 瞿秋白：《国民革命运动中之阶级分化：国民党右派与国家主义派之分析》，《瞿秋白文集》政治理论编第3卷，人民出版社1985年版，第460、462页。

样让广大知识青年们正确看待知识阶级这个群体，成为以夏丏尊为代表的《一般》同人们思索的问题。他们在杂志上刊发和编译了一系列相关文章。如笔名心如的作者在第 3 卷第 1 期发表了题为《从打倒知识阶级口号中所认识的》的文章，就近两三年里在青年界流行的"厌恶求知"的倾向作了解析。归结起来，作者认为，"第一，知识阶级的名词根本不能成立，因而所谓打倒知识阶级，便没有意义；第二，但知识分子中实在有一部分是甘过寄生的蛔虫生活的，这班人可以算是中国紊乱的主动者，所以很有被打倒的资格"。虽然对旧式士人群体嗤之以鼻，但作者没有一味批判，而是给出了"知识阶级"未来发展的建议，特别是对于广大渴求新知的青年人，须明白"求知不当轻视"和"知识不当恶用"，如此"由着两种觉悟中开辟出来的第三条路，便是正路了"。按其理解，这条正路应是"帮着做劳动解放的事业"。[①] 可见文章的主旨并非否定方兴未艾的"知识阶级"，而是揪出混杂其中的陈旧的"士人"，加以区别，最终希望未来中国多一些为民请命、没有丝毫臭架子的知识阶级。

无独有偶，章克标在第 5 卷第 3 期缩译了日本学者大山郁夫《政治的社会基础》书中一章，取名为《崇拜知识的迷信和知识阶级》，意在理性反思兴起的"知识阶级"现象。

夏丏尊在第 5 卷第 1 期撰写了一篇长文《知识阶级的运命》。在他看来，近来流行一时的"知识阶级的正体实近于幽灵，难以捉摸"，这实际上给文章和论说对象定下了比较低的基调。这种基调情有可原，毕竟"就广义言，不管上层与下层都可谓之知识阶级；就狭义言，

---

① 心如：《从打倒知识阶级口号中所认识的》，《一般》1927 年第 3 卷第 1 期。

所谓知识阶级者实仅指下层的近于无产阶级或正是无产阶级的人们，因为在上层的人数不多，并不足形成一阶级的"。故而，出于循名责实、规范探讨范围的考虑，夏丏尊给了"知识阶级"一个较具体的定义：

> 所谓知识阶级者，是曾受相当教育，较一般俗人有学识趣味与一艺之长的人们。学校教员、牧师、画家、医师、新闻记者、公署职员、文士、工场技师，都是这类的人物；现在中学以上的学生，就是其候补者。

由上述定义可知，广大知识青年及中下层知识分子是夏丏尊文章考察的主要对象。他认为，当时读书人斯文扫地，更何况时局艰难，各业凋敝，首当其冲的就是附随各业靠月薪过活的知识阶级。除境况不佳外，夏丏尊还判断所谓"知识阶级"的阶级意识也不明晰。他们不是无产阶级，只能依凭知识教养向资本家挑战。奈何"金力"与"知力"的较量，到头来结局不妙。

总的来说，较之蒋梦麟、陈独秀、鲁迅以及心如、大山郁夫的观点，夏丏尊对"知识阶级"的认知未免过于悲观。他意识到该群体历史的沉重抱负与崛起时的诸多不利因素，但未能发现其未来的勃勃生机。或者说，他可能对既有的读书人并不看好，而更希望继起的年青一代能够朝气蓬勃、摒弃那些不良积习，勇挑改造中国的大任。这也是《一般》杂志编办的初衷所在。

六、戛然而止

《一般》杂志在发行的过程中，已隐伏了由盛及衰的因素。1929年底，在刊行第 36 期后戛然而止，这绝非偶然原因所致。细究起来，首先是人力财力问题。《一般》在创办之初，夏丏尊等人干劲十足，并为《一般》勾勒了理想的前进蓝图，致力于将其办成真正为一般人喜爱的刊物。而就在杂志出版三期后，同人之间已渐生力不能支的感觉。夏丏尊也"自认不是办杂志的人，姑且拼了命做去再说吧"。可以说，《一般》同人创办立达学园、杂志等系列行为是对教育理想、立人目标的坚守与实践，而理想终归是与当时的政治、社会、生活状况相抵触的。故而，基于维持基本生活的需要，《一般》同人四处奔走上课以谋取生活费，无法安心办杂志。在出至第 8 期之后，方光焘继任主干，据章克标回忆，他此时的处境颇为艰难：

> 他忙于去许多学校轮回上课，这样的轮盘式教书也真够辛苦的，哪里还有工夫写文章呢！而且他也急于求配偶，成家室了。[①]

所以在编了一卷之后，他在《明年的本刊》一文中强调"本刊因种种障碍停了四月……但不至于夭折已属万幸"，并表示自下一年起本刊由同人分版块负责。这自然减轻了一人单挑主干的压力，但如此一来，《一般》在编辑事务上的人员流动性就增大了，在一定程度上

---

① 章克标：《夏丏尊先生》，载夏弘宁主编：《夏丏尊纪念文集》，浙江省上虞市文学艺术界联合会 2001 年版，第 434 页。

导致杂志不能稳定发展。如前两卷设置的《介绍与批评》栏目，每一期都有五六篇同人的批评文章，之后这个栏目被取消，这显然也是人力不足的一个体现。

人力不足，财力有限，于是稿件也不可能源源不断。《一般》杂志曾表示："我们同人办这同人杂志，无非就是要发抒自己趣味意见的缘故"，"宁可停办杂志，绝不愿在杂志上随人脚跟走"。因此，他们对稿件的质量要求甚高，鲁迅也认为《一般》的主编"对于稿件的录用并不轻松"，因而"它发表的作品都在水准之上"。这种宁缺毋滥的态度在一定程度上造成了稿源捉襟见肘，杂志甚至因此数次延期。如夏丏尊原来准备将第 2 卷第 1 期即新年号出成扩大版，但因"征到的新年稿件不多，把别的普通稿件充积进去呢，也觉得无甚意味，结果只仍出了这样的一册"。《一般》同人也努力想要组到更多立达学会之外名人的稿件，但他们坦言这种"拉外援"的工作实际上一点也不容易。除延期之外，稿件的不充足也导致编者许多改版创新的想法难以付诸实施。

不过以上原因似乎都不是《一般》杂志停办的主因。作为知晓内情之人，章克标道出了其中最关键的缘由：

开头，开明书店的出版方针不明确，直到 1930 年才决定以中学生为对象的青年读物为主再加中学教科书，因之决定了出版《中学生》杂志……同时，又将《新女性》及《一般》两杂志停刊，以集中力量，这都是出于章老板的决策。那是因为开明资力有限不能兼顾之故。

这中间，开明书店在出版方面逐渐摸索出了一条路子，想要除文艺一般之外，采取以中等学生的课外读物为重点，更进一步出销行数量大的教科书，因而要先办一份给中学生看的杂志来开辟道路。就直截了当取名叫《中学生》杂志了。这样就把《一般》停了，因之，也可以说《中学生》是《一般》投胎转化而来。①

由此推测，《一般》骤然停刊主要还是因为《中学生》杂志的替代。其实在 20 世纪二三十年代，新生杂志旋起旋灭是一个非常普遍的现象，大概因为资金难以支撑事业，或是内部人员办刊理念不合，或是如《新女性》停刊时所强调的："时代已经不需要我们了"，也有如《一般》这样，被其他的杂志所取代。

总之，《一般》同人作为一群极具教育及文学理想的知识分子，依托《一般》杂志，提倡人格教育，注重人格感化，普及知识，启蒙大众，立足民间，关怀青年，共同致力于培养具有"立人达人"的健全人格的人，实是一群不"一般"的人。这份杂志在那个时代也实在不一般。《一般》同人追求学术独立、思想自由，为当时的文化界别开生面，注入了一股别样的清流，正如匡互生所言："我们相信文化的发达，一定在思想学术都在自由独立的空气中。思想学术上的皇帝和臣仆，简直是文化的敌人……我们自己以为应该说的话，即使反叛了政治的社会的历史的学术的种种权威者，我们也有所不顾，大胆地自由地说。"② 只有充分体会以夏丏

---

① 章克标:《夏丏尊先生》，载夏弘宁主编:《夏丏尊纪念文集》，浙江省上虞市文学艺术界联合会 2001 年版，第 435 页。

② 匡互生:《立达·立达学会·立达季刊·立达中学·立达学园》，《匡互生集》，光明日报出版社 2019 年版，第 30 页。

尊为代表的《一般》同人的信念与坚持，才能理解他们将文学教育作为终生的事业，为新文学新教育所作的努力与贡献。

七、投身出版

1925年秋，复旦大学中文系主任叶楚伧因忙于上海《民国日报》的社务和写作，同时广东国民政府又急需他参加北伐事宜，诸事丛脞，只好将系主任的行政事务委托刘大白代理。到了第二年，叶楚伧离沪南下，投身北伐事业，于是刘大白顺理成章接任系主任。该年秋天，刘大白与陈望道邀请夏丏尊兼任复旦大学国文教授，为期两个学期。

到了1927年秋季学期，夏丏尊又应暨南大学校长郑洪年之邀，兼任暨南大学第一任中国文学系主任，教大一学生国文。他第一次上课的情景，被谭其骧记录下来：

> 秋季开学的第一学期，系主任是夏丏尊先生，他自己教大一国文，余上沅教大一英文，沈端先（夏衍）教第二外语日文，还有林语堂先生等，过年第二学期开学，系主任换了陈仲凡先生，教师也换了好几个，大致可以说第一学期的教师都倾向于新文学，第二学期的都崇尚旧文学。我很尊仰爱慕夏先生，不喜欢第二学期那些守旧派老师……一年级第一学期，夏丏尊先生还曾带我们一班同学上市内一家饭馆，谒见鲁迅先生，一起聚餐……夏先生第一次上课，首先申明他的名字是丏尊，不是丐尊，丏读若

缅，意思是被遮蔽，看不见。①

此时，夏丏尊原先在浙一师的学生曹聚仁也在该校任教。两人偶然遇上，夏丏尊总是关心地慢悠悠地询问："近来怎样的啦？"上课之前，他总会在曹聚仁好友吴君的房中休息。当时正值革命高潮期，不少年轻师生心中向往"光明"，跃跃欲试，投身革命，吴君就是其中一位。为了解决思想上的困惑——到底去不去革命前线，吴君曾经与他深入地交流过一次，他也真诚地给予了建议与指导。

在吴君离开的第三天，有位要去福州参军的学生问曹聚仁："丏尊先生辞职的事，你该知道了罢？"曹回答："辞职，我是知道的；为何辞职，我可不曾知道。""太怅惘罢！"那个学生猜测道。

据学生回忆，一日夏丏尊来上课，学生们到的不多。平时，他总是在授课的第二个小时点名，第一个小时学生们自然来的少些。而当日天气不佳，格外寒冷，学生来的更少。夏丏尊觉得这样实在不太像话，于是决定辞职离校。学生们一再挽留，他反复解释，最终教室内一片默然。许久后，他慢慢开口道："既是这样，我是不能继续了。"于是夹起书包走到教室门口，回头再次郑重地说："就是这样决定了罢？"大家仍旧保持沉默。"那么，我们再见了。"夏丏尊走出教室，几天之后，辞职书如期寄来。

其实，抛却教学效果不甚理想、学校人事关系复杂等原因外，更主要的是，此时的夏丏尊已经找到了人生最重要的事业——编辑出版，他正在向成为中国现代著名出版家的路途上迈进。

---

① 蒋述卓主编：《暨南文丛》卷三谭其骧篇"序言"，暨南大学出版社 2006 年版，第488—489 页。

夏丏尊（1886—1946）

1928年春，叶圣陶、胡愈之、章锡琛、贺昌群、周予同、钱君匋、夏丏尊（右一）摄于平屋门口

1929年，夏丏尊（左三）与弘一法师（左四）等在宁绍轮码头合影

20 世纪 30 年代，夏丏尊与家人在上海合影（后排左起长媳金秋云、夏丏尊、次子夏龙文，前排左起次媳韩玉严、孙夏弘正、夏丏尊夫人金嘉）

全面抗战爆发后，留守上海的部分开明书店同人合影，前排右三为夏丏尊

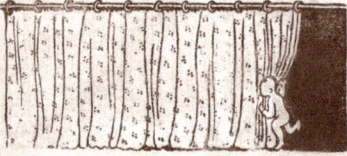

「一般」的誕生（對話）

「好久不見了，你好」

「你好」

「聽說你們要出雜誌了麼？」

「是的，正在進行中」

「現在雜誌是很多了吧？有甚麼教育雜誌學生雜誌婦女雜誌文藝雜誌……我卻沒甚麼興味，雖然也入過學校但並不怎樣愛看，那中間有的我覺得也記不得覺」

「你喜歡看雜誌嗎？」

「看呢有時也去購幾種看看，你是知道我的那缺錢最有興味，無專門知識對於這洋洋大文意……讀書還懂得比學校裏的課本還難懂，並且似乎與我們一般的生活上也無直接關係所以總不十分發生奧味」

「志，還有鼓吹甚麼主義宣傳主張的許多東西……」

那末你在閒眼時用甚麼消遣呢

「這也怪你不得現在的出版物，各有門類，與一般人是不十分相干的」

「請問你們的雜誌將來屬那門類呢」

「這並不拘於哪一門類只做成一種『一般』的東西」

「怎無主張嗎」

「那也不能這樣說我們也有我們的主張不過想比人家定能得寬一些。」

「遵不是看小報書時候用甚麼消遣遊戲場或是甚麼」

「那末你們的主張怎樣說起來其實是混沌極了甚麼國家主義甚麼社會主義與『禮拜六等粗的東西否則就是才子佳人』預備取那一條路」

「我們也並不想限定取那一條路對於各種主義都用不心去精研究給一般人作指嗎救濟思想混沌的現狀」

「注重研究學術嗎」

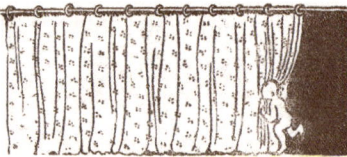

「當然不過我們想和人家方法不同一些要想以一般人的實生活為出發點，介紹學術努力於學術的生活化」

「不過最緣故我們對於近來學術的淺薄看不慣的不清說了，卻使我得懂的也以致乾燥無味很希望如看先生的講義一樣」

「你設得對我們將來注重趣味文學作品不必說，一切都用清新的文體力歷平校的陳套特設雜誌界開闢別生面」

「請問還有別的可說的特色嗎」

「大致就有別的可說的出版界的大敵」

「其好很好那末將來這雜誌是甚麼名稱呢」

「名稱竟取不出好的，迷『新』『解放』『改造』『進步』等類的單字也被人教授遍了沒法就叫做『一般』呢隱約中表示又是預備給一般的人這難免又是預備用清新的人看」

「哦，『一般』對得很」

「呵……」

「我很希望『一般』將來成為一般人所愛讀的雜誌給一般人以許多好」

「我們自己也這樣希望着但還要看我們的能力了」

「再會了以後隨時在『一般』上領教罷」

「再會再會」

《〈一般〉的诞生》

《中学生》创刊号

《新少年》创刊号

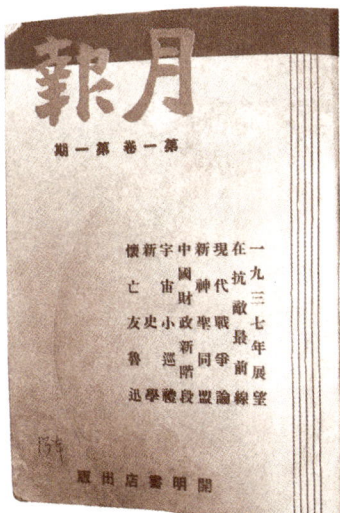

《月报》创刊号

《救亡日报》

夏丏尊译《爱的教育》与《续爱的教育》（1947年版）书影

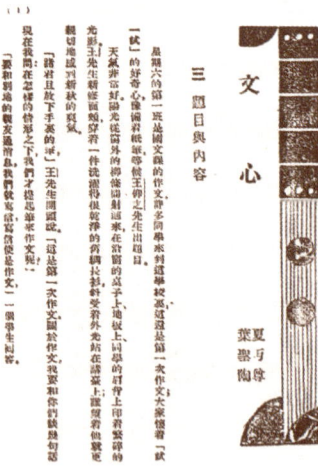

《中学生》杂志《文心》栏目　　　开明书店出版的《文心》

少而好学如日出之阳

洵华少友属书

夏丏尊

夏丏尊刻印与题字

新城兄：

闻已返国了，此行想必有许多珍
闻，地日增镇年而贱。

一本已予审度。如予列入中华文字先
音计画中，更妙。

又有关于教育的论文一篇，之補一
坊这师旧学之用君赞襄内。诸为试校
中前须青算。

敬上印久，隆为。

夏丐尊
十月廿七日

1930 年 10 月夏丏尊致舒新城信

第四章

开明书店的"创世纪"

一、"意外"之举

1925 年底，商务印书馆辞退了旗下《妇女杂志》主编章锡琛，其在商务"十五年的职位，就此断送"①。

回顾这一年的思想文化界，章锡琛绝对是一位风云人物，他在所办刊物上策划了"新性道德"大讨论，陆续刊登了自己撰写的《新性道德是什么》、周建人的《性道德之科学的标准》、沈雁冰的《性道德的唯物史观》、沈泽民的《爱伦凯的〈恋爱与道德〉》、文宙的《离婚防止与新性

---

① 章锡琛：《一个最平凡的人》，载王知伊：《开明书店纪事》，书海出版社 1991 年版，第 217 页。

道德的建设》、默盦的《近代文学上的新性道德》等重量级的、观点与以往极其不同的文章，呼吁恋爱自由、离婚自由。这些文章在当时掀起了一阵讨论妇女问题的热潮，很多人的老观念受到不小的冲击。

一石激起千层浪，《妇女杂志》的诸多观点并不被世人认可，甚至很多知识分子也撰文加以批判。

迫于舆论和读者的压力，同时基于其他因素的考虑，商务印书馆只得将章锡琛辞退。[1] 章锡琛离开商务，虽然陷入一时困苦，却换来了更广阔的施展才华与志向的天地；而商务印书馆的同人们万万没想到，放走了章锡琛，日后迎来的是一个出版界迅速崛起的神话与劲敌——开明书店。

1926 年 8 月 1 日，章锡琛等人在上海宝山路宝山里 60 号正式挂起了"开明书店"的招牌。草创期的开明书店由章锡琛全面筹划，章锡珊负责账务，孙怡生管理发行，一群年轻人则主持了维系出版社生存发展的编译工作。

大家齐心协力，在当时出版界特别是教科书领域打开了局面，带来了不小的利润。然而作为怀有理想主义情怀的知识分子，章锡琛办书店的目的自然不光是赚钱，而是传播文化与启蒙更多的国人。自己的力量毕竟微小，他需要更多的有识之士加盟助力。若想跻身一流出版社的行列，如同早年商务印书馆的夏瑞芳聘请张元济主持商务一样，他身边也需要一个这样的人来主持编译所，推进开明书店的转型，正是这样的远见，促使他聘请夏丏尊来开明书店工作。至此，开明书店引进了一位在今后出版战略规划与制定方面具有灵魂意义的人物。

---

[1] 参见章雪峰：《中国出版家·章锡琛》，人民出版社 2016 年版，第 81—87 页。

二、结缘"开明"

一讲起开明书店，我首先就想起印在它的书背面的那个出版标记。那是一本打开的书，敞开的书页面向着一个光芒四射的半圆形的太阳；在书面上则写着"开明"两个大字。于是我就联想起"开卷有益"这句成语；同时也联想到书是知识的源泉，它会给人带来智慧，带来光明，并且启发人去追求光明。在我青少年时代的生活中，我是得到开明书店出版的书刊的启发和教益的。[1]

这一段文字出自现代著名文学翻译家、新中国成立后派往国外的第一位外交官戈宝权的回忆文章。开明书店在当时年轻人群体中如此有影响力，夏丏尊在其间居功至伟。

章锡琛创办开明书店的时候，夏丏尊正在上海辗转于立达学园、复旦大学和暨南大学之间，既为了实现个人教书育人的志向，也是生计所迫。作为当时倡导国文教育的扛旗者，他时常受开明书店邀请，为他们提供文章、译稿，并参与部分稿件编辑工作。

1926 年 8 月，夏丏尊与刘薰宇合著的《文章作法》由开明书店出版。这部书原本是夏丏尊授课的讲义，前五章是他在湖南第一师范时编写的，第六章是他在春晖中学时写就的。后来与他同在立达、复旦、暨南任教的刘薰宇，也讲授国文，曾参考这些讲义。刘薰宇教了一年，修改了一年，帮助夏丏尊完善了讲义。二人携手，详细讲述了

---

[1]　戈宝权：《忆我和开明的交往》，载中国出版工作者协会编：《我与开明》，中国青年出版社 1985 年版，第 34 页。

记事文、叙事文、说明文、议论文、小品文等各种文体的形式、内涵、性质及写作技巧。当时正值开明书店的初创阶段，夏丏尊、刘薰宇为了出版事宜，时常与章锡琛等人在宝山里 60 号讨论。

一来二往，双方就出版、翻译、文章等问题反复交换意见后，发现彼此早已有一种心照不宣的默契。夏丏尊对文学有着自己的独到理解。他认为："文学是有力量的。文学的力量由具象、情绪和作者的敏感而来；文学的力量，其性质是感染的，不是强迫的；文学作品对于读者发生力量，要以共鸣作用为条件。"[1]因在文学和教育上都颇有见地，加之年纪长于他人，夏丏尊众望所归地被公推为立达学会刊物《一般》的主编。章锡琛对这位早已结识的乡友深为佩服，他觉得如果由夏丏尊来主持编译所，一定可以实现开明书店的转型。而夏丏尊明白，当时的社会制度下，即使春晖中学、立达学园这样有理念的学校也难以长久发展，而出版行业显然是更能实现自己理想的选择。

这一时期，开明书店的总编辑是赵景深，他因翻译契诃夫短篇小说集，难以拿出全部精力投入编辑工作，早有离职之意。既志向吻合、又虚位以待，章锡琛诚意邀约夏丏尊接替赵景深，夏丏尊慨然应诺。

任职不久，夏丏尊就为开明书店奉上大礼。首先他邀请了一批志同道合的人来编译所工作，顾均正、傅彬然、叶圣陶、王伯祥、徐调孚、贾祖璋、宋云彬、周振甫等前后进店。据王伯祥日记记载，彼时夏丏尊凭借立达学园的关系，联合了不少精英参与开明事业，而开明书店亦反过来补益立达教育工作。如 1926 年 9 月 26 日，"下午五时，

---

① 　夏丏尊：《文学的力量》，《夏丏尊文集》（平屋之辑），浙江人民出版社 1983 年版，第 149 页。

立达中文系假开明书店开教务会议，予与圣陶、予同、觉敷同往，会丐尊、薰宇、光焘。谈至七时许始散。即在开明夜餐"①。一时之间阵容庞大的开明编译所，让沪上各家出版社都艳羡不已。1946年，叶圣陶在开明书店成立二十周年时对何谓"开明人"有过形象的说明：

> 　　开明书店是一些同志的结合体。这所谓同志，并不是信奉什么主义，在主义方面的同志，也不是参加什么党派，在党派方面的同志，只是说我们这些人在意趣上互相理解，在感情上彼此融洽，大家愿意认认真真做点事，不求名，不图利，却不敢忽略对于社会的贡献：是这么样的同志。这些同志都能够读些书，写些文字，又懂得些校对印刷等技术方面的事，于是相约开起书店来，于是开明书店成立了。②

　　以章锡琛、夏丐尊、叶圣陶等为枢纽的"开明人"聚合在一起，形成了出版界的"文化共同体"。

　　那开明人究竟靠什么能够团结一致，勠力同心、不离不弃？粗略分析，大致有如下三个原因。

　　首先，开明人多是江浙人士，其中浙江人士又占了绝对多数。曹聚仁更曾这样认为："就可以说开明书店是绍兴帮，我所说的朱君，也正是绍兴人。一般人只知道绍兴的特产是酒和师爷。其实，学幕和钱庄是绍兴人的传统，由钱庄而转入出版业，他们也是得风

---

① 张廷银、刘应梅整理：《王伯祥日记》第二册，中华书局2020年版，第457页。

② 叶圣陶：《开明书店二十周年》，载叶至善、叶至美、叶至诚编：《叶圣陶集》第6卷，江苏教育出版社2004年版，第125、138、190页。

气之先的。"①

其次，开明人之间有着比较密切的个人联系。这种关系或者是师承关系，如顾均正、傅彬然、贾祖璋都是夏丏尊在浙江一师的学生；或者是发小，如叶圣陶与王伯祥；或者是姻亲，如叶圣陶和夏丏尊、章锡琛和王伯祥是儿女亲家。

最后，开明人与中学教育有着非同一般的关系。开明书店的核心成员大多只完成了中学教育，只有极少几个人完成了大学深造，有出国留学经历的更是只有夏丏尊、吕叔湘两人。但他们几乎都做过中学教员，对教育以及教育出版理解深刻，心怀理想。

由上可见，身为浙江老乡，又是多位后辈的师长，多年奋斗在教育界，夏丏尊无疑是"开明人"凝聚在一起的"黏合剂"。

1931 年，章锡琛于《中学生》杂志发表了一篇文章，向青年读者介绍自己的人生经历，在文末他颇怀感激地写道：

> 到民国十五年失业以后，更承许多朋友的帮助，使我有勇气去做出版事业，而且侥幸得免于失败。其中最有力的一人，尤其是夏丏尊先生。②

这话从章锡琛口中说出，可见夏丏尊之于开明书店的灵魂地位，应是毋庸置疑的。

夏丏尊以其博大诚挚的胸怀，感染了众多作者，被他们共同视作

---

① 曹聚仁：《我们的舍监夏丏尊》，《文坛三忆》，生活·读书·新知三联书店 1999 年版，第 40 页。

② 章锡琛：《从商人到商人》，《中学生》1931 年第 11 期。

最可信赖的编辑和长者。比如现代著名翻译家、出版家楼适夷，便深受夏丏尊的关怀与引导。据他回忆，开明书店创办初期，初出茅庐的他，发现新刊物《新女性》很有特色，于是冒昧投稿，很快便得到回复。他的朋友徐耘阡向他转告夏丏尊的意见："夏先生看了你这个短篇很喜欢，说是最近难得见到的投稿。"听到这一消息，楼适夷非常惊喜，专程赴出版社拜访夏丏尊，以示感激。二人相见，夏丏尊一如既往地和蔼可亲，说了一些鼓励的话，请楼适夷继续再写。于是他的处女作就发表在《新女性》杂志上。之后又添新作，第二篇发表在夏丏尊主编的《一般》上。

四一二反革命政变后，思想进步的楼适夷失去了社会职业，成了"流浪者"。1931 年，楼适夷从东京回到上海，特意去虹口区开明书店编译所再度拜访夏丏尊。据他回忆，"开明的事业已经大大发展。在福州路有场面开阔的门市部。编译所的规模也颇为可观。编辑室的大广间里，一排排写字台，很多人在默默办公。"

晤面后，夏丏尊问他："现在回来了，很好，今后打算做什么呢？"楼适夷回答说自己还没有好好考虑过这些问题。夏丏尊接着问："还要流浪吗？卖小字生活，是不容易的呀！"（把卖稿称为"卖小字"，意思是从前读书人失了业没办法了就以卖大字为生，现在则改"卖小字"了。）楼适夷知道这种生活状态难以为继，一时尴尬不已。夏丏尊于是劝道："现在开明编辑部里，也有从大革命浪潮中经历过来的人，年纪大起来了，也得顾家，应该安定下来"，"如果愿意，也可以到开明来呀！"

仓皇地从国外回来，居无定所，举目无亲，听到这么温暖的话，楼适夷颇为感激。但后来他参加了左联的工作，如果再兼职开明编辑，对于开明书店显然是不负责任的，于是只好辜负了夏先生对他的邀请。

不过夏丏尊和开明书店对楼适夷的关怀并未就此为止。楼适夷平时没有稳定的生活来源，只在奔走工作之余，写点文稿，虽多少可以得些稿费，但很不固定，一个人打饥荒的事还是常有的。他常用的救急办法就是找一本小书来翻译。"这种场合，最可靠的是开明书店。事先并无预约，凭自己爱好选一本原本，急忙赶译出来，就送给夏先生、章先生（章锡琛）去，请他们看看，可不可出，而且声明马上要点钱用。那时，两位中一个，把稿子翻翻，就说：'那末，先支一点钱吧！'"这法子"真正是万应良方。记得两年多中，我先后卖给开明两部译稿：一部是《灰姑娘》，一部是《林房雄集》，同时照夏先生交代的任务，给《中学生》写过稿"。正是夏丏尊的有意爱护，才帮助楼适夷度过了人生最艰难的一段岁月，也为其之后的事业与成就打牢了基础。①

与楼适夷一样，杨荫深也有着类似经历。他本来就是夏丏尊的学生，对于夏先生循循诱导的授课方式非常认可。在美术专科学校深造毕业后，杨荫深经常拜访夏丏尊。那时他还没有找到工作，生活极不安定。夏丏尊总是勉励他不要气馁，并说："陈望道在编《太白》，你可写些东西，我替你送去。"可惜他不会写散文，就没有进行尝试。后来有一次去开明，杨荫深说："让我为开明写一本稿子吧！"夏丏尊爽快地回答："好吧！你只管写了寄来！"于是他抱着试试看的心态，从夏丏尊翻译的《爱的教育》入手，改编出一些篇章，编成了几个剧本，定名为《少年英雄》，寄给了夏丏尊。一周后，夏丏尊的回信到了，认为稿子可用，要他前去办个手续。去了之后，夏丏尊拿出一份

---

① 参见楼适夷：《难忘的鼓励和帮助》，载中国出版工作者协会编：《我与开明》，中国青年出版社1985年版，第51—53页。

版权契约，叫他签字，同时邀请开明书店徐调孚作为中间人。手续齐备后，就请财务给杨荫深付稿费。"这样一本小小的书稿，夏先生竟亲自出马，为我办理手续"[1]。此情此景，杨荫深永远难忘。夏丏尊之人格力量，由此可见。

三、塑"开明风"

中国现代出版业发端于 1897 年，标志是商务印书馆在上海挂牌。1912 年中华书局的成立，标志着现代出版业的完全成型。商务印书馆、中华书局，加上 1916 年创立的大东书局和 1917 年创立的世界书局，此四家出版社是民国出版界的"四座大山"，它们都采取股份制公司运营模式，以综合业务为主，其业绩和运营方向是整个中国出版界的晴雨表。陆费逵曾统计过，在 30 年代，就资本而言，"上海书业公会会员四十余家，资本九百余万元，其中商务印书馆五百万元，中华书局二百万元，世界书局七十万元，大东书局三十万元，此外都是一二十万元以下的了"。每年的营业额，"民国初年约一千万元，商务印书馆占十分之三至四，中华书局占十分之一至二。近年约三千万元，商务印书馆约占二十分之六，中华书局约占二十分之三，世界书局约占二十分之一"。[2] 大书局资本雄厚，自组编译所，自办印刷厂，

---

① 杨荫深：《忆开明，怀夏师》，载中国出版工作者协会编：《我与开明》，中国青年出版社 1985 年版，第 101—103 页。

② 陆费逵：《六十年来中国之出版业与印刷业》，载张静庐辑注：《中国近现代出版史料·补编》，上海书店出版社 2003 年影印版，第 278—279 页。

自设发行机构，分店遍布全国。出于经济上的考虑，其力量主要投入那些市场大、回报高、风险又小的书籍，庞大的资本更决定了大出版社行动的保守性，导致它们对引领时代的前沿思想持观望态度。更为重要的是，大书局极大地影响了中小书局的存在和发展，它们的出版理念往往成为出版界的共识。

20世纪20年代中后期，新书业得到较大发展，著名出版人张静庐指出，1925年到1927年是"新书业的黄金时代"。众多小书店中，以出版新文化书籍面目迈入出版界，站稳脚跟并崛起为"金字招牌"，改变出版界权力格局的，当属开明书店。胡愈之曾这样评述商务印书馆、中华书局、开明书店三者的顺承关系：

> 中国的出版机关，第一家是商务印书馆，一八九七年创办的。那时候正讲维新变法，商务印书馆的创办顺应了旧民主主义革命的潮流。一九一二年创办了中华书局，已经到了民国时代。以后还创办了许多书店。但从办杂志开始，靠几个知识分子办起来的书店，开明书店是第一家。①

能够改变以往几大出版社掌控图书界的格局，除了高明的经营策略外，确定一以贯之并立足长远的出版规划，亦是非常关键的战略。在开明书店发展前期，担纲此重任的就是夏丏尊，他与诸位同人一起，塑造了开明书店的独特风格。

1928年初，夏丏尊正式出任开明书店第二任总编辑。对于开明

---

① 胡愈之：《纪念开明书店创建六十周年》，载中国出版工作者协会编：《我与开明》，中国青年出版社1985年版，第40页。

书店的自身定位与出版规划，夏丏尊有着极其清醒的认识，经过深思熟虑，他为书店制定的发展方针是：以青少年学生读物作为出版的品牌与重点。之后的若干年里，开明书店的经营就是按此目标一步步展开的，如《中学生》的创刊、开明版教科书系列的出版等。夏丏尊也因此成为开明书店的灵魂人物之一，被誉为"从事编辑工作的教育家"①。

这一发展方针的确定，对开明书店的意义非同寻常。具体而言，可从三个层面体现。②

第一，此方针适应了开明书店自身的实际实力。作为后起之秀，开明书店在市场中占有的份额极其有限，如果四面出击，没有拳头产品，势必会被财大气粗的老牌书店挤压，导致资金亏损甚至资金链断裂，其结果必然是关门歇业。就连出版界的龙头商务印书馆、中华书局也遭遇过捉襟见肘的困境。比如中华书局，在创立初期，亦是举步维艰，"编辑进行太骤，现存各稿非二三年不能出完，稿费不下十万"③。由于摊子铺得太大，几乎遍及全国，终于酿成了中华书局发展史上的"民六危机"，濒临破产。鉴于此惨痛的教训，夏丏尊与章锡琛诸位制定明确的规划，确定自身的发展目标、读者群与市场定位，便于在扬帆之际就集中力量，找准航向，避免漫无目的，费时费力费钱，从而得以在出版界这片大海里持久远行。

第二，此方针可谓扬长避短，切合开明书店编辑群和作者群的特长。如前所述，开明大多数人都出身于教育界，具有相对丰富的教学

---

① 叶至善：《从事编辑工作的教育家》，《出版资料》总第 7 期。
② 参见章雪峰：《中国出版家·章锡琛》，人民出版社 2016 年版，第 120—122 页。
③ 钱炳寰：《中华书局大事纪要》，中华书局 2002 年版，第 27 页。

经验，对中学生、大学生的需求、特点及引导方法有着深入的研究，可谓个个都是行家里手。他们对于青少年读物的策划、编辑、推广，也有着相当的经验积累。将书店发展定位放在青少年领域，为他们提供更好的更具有针对性的书籍，像夏丏尊、章锡琛这些学人，之前思考的时间不可谓不久，具体实践与摸索的历程也不可谓不长，他们驾轻就熟、得心应手，反而比那些大出版社有着更明显的优势。后来加盟的叶圣陶、周予同、宋云彬、郭绍虞等人，差不多都在小学、中学或大学任教，又经历过出版机构的磨炼，横跨出版、教育两界，既能编辑出好文，又能亲自操刀写就大作，使开明书店的优势愈加彰显。

第三，此方针也非常契合彼时中国教育的实际情况，符合市场的实际需求。根据相关的统计数据，1930年，全国中等学校学生的人数约为515000人，中等教育普及程度约为每万人口11人。与之相较，高等教育普及程度大约是每万人口0.9人。可知当时的教育状况是中等教育的在校生人数为高等教育的十倍以上，而且中等教育的增速也远远快于高等教育。因而夏丏尊等以青少年尤其是中学生为出版目标人群，确实抓对了市场，前景自然广阔。

以青少年学生读物为出版重点，是夏丏尊在开明书店发展史上占据关键地位的功勋所在。如果没有主动进军中小学教材市场，开明书店在当时恐怕很难得到跻身大牌书店的机会，因为后来的所谓"五大"、"六大"、"七大"出版社，最主要的参考指标，是这些出版机构在全国教科书市场上所拥有的份额。况且教科书能够为书局带来丰厚盈利，这也是行业所共同追求的目标。开明书店同人遵循夏丏尊定下的发展思路，努力进军中小学教材市场，为开明书店积累了较丰厚的利润。据《民国时期总书目·中小学教科书》统计，1926—1949

年，开明书店一共出版中小学教材 117 种，占开明书店全部出版物数量（1500 多种）的 9％左右。"据 1949 年统计，教科书的营业额占全部营业额的 62％，所以只要春销或秋销一季的营业，就可以坐吃半年"①。所以有人半开玩笑地说，中小学教科书成为开明书店的"吃饭书"，而这"金饭碗"就是当初夏丏尊帮着量身定做的。

在这一发展方针的指引下，开明同人们齐心协力，切实肯干，形成了良好的同人氛围。叶圣陶称其为"开明风"，并在开明书店成立二十周年之际特意撰词勉励大家继续发扬：

> 书林张一军，及今二十岁。欣兹初度辰，镂金联同辈。开明夙有风，思不出其位。朴实而无华，求进弗欲锐。惟愿文教敷，遑顾心力瘁。此风永发扬，厥绩宜炳蔚。以是交勉焉，各致功一篑。堂堂开明人，俯仰两无愧。

对于"开明风"，教育家、社会活动家孙起孟有过一番评价：开明气息"是不迷信'本本'和'长上'，思路比较宽广"，"是不随大流起哄，不务虚名，孜孜不倦地致力于一些自己能办到的有益于群众的事情"，"是在组织上有一批气味相投的核心人物，但又没有门户之见和宗派作风，因此能够广交朋友广结善缘，在社会上取得比较广泛的好感和赞助"。②应该说，这种说法还是很中肯的。

---

① 王知伊：《开明书店纪事》，书海出版社 1991 年版，第 100 页。
② 孙起孟：《开明气息》，载中国出版工作者协会编：《我与开明》，中国青年出版社 1985 年版，第 70 页。

四、教育出版

说到开明书店，不得不说教科书的出版。创始人章锡琛自然居有首功，总编辑夏丏尊亦是颇费辛劳。

开明书店真正打开出版界局面的就是《开明活叶文选》。当时中学的语文教材大都由任课教师自己选定，由学校刻写油印成讲义分发给学生。刻写油印费时费力，又多脱讹错误，曾在中学当过语文教师的开明老板章锡琛深知油印讲义的缺点，恰好几位教语文的朋友提出希望开明书店帮他们排印出版活页文选。章锡琛与夏丏尊都认为这是非常好的机会，既能在教材界独树一帜，又可以开拓盈利的空间，于是决心大干一场。

章、夏等人设计出版的活页文选，广选历代名篇，从古文到白话文，各种文体俱备，行款清楚，校对精细，书店根据选目配售，并可代为装订，便于中学语文教师选用。当时商务、中华这样的大出版社不屑于做这项琐碎的出版，正好给了开明书店一个机会。或者说开明书店找准了这样一个市场空白点，结果《开明活叶文选》在中学里，比商务、中华的课本更受语文教师的欢迎，相当畅销。并且文选又可以逐年增添题材，便于施教，到1937年已挑选文章两千多篇，从而成为开明书店编辑出版中小学教科书的先声。

首战告捷，开明书店再接再厉。既然《开明活叶文选》吹响了进军中学教科书市场的号角，那么可以化零为整，从游击战转向集团作战，编写出版正式的教材读本。当时学校比较注重国文、数学和英文三大门类课程。活页文选虽然获得成功，但还只是语文课的辅助读物。夏丏尊等人就请王伯祥编写了一套《开明国文课本》，这套书出版后十分畅销，开明便又考虑继续编印数学课本，约请立达学园的周为群编写《开明算术教本》。不久，教材顺利编成并通过编审，于1930年出版。紧接着，开明又请立达学园的刘薰宇、周为群、章克标、仲光然等老师编了一套数学课本，包括算术、代数、几何、三角四种，根据当时学校反映，这套书编得比"商务"、"中华"版内容更加新颖，被学校广泛采用。

开明书店教科书的作者及其负责的科目大致如下：叶圣陶、王伯祥、夏丏尊、朱自清、吕叔湘先后编过国文课本，周予同、宋云彬、王伯祥编过历史课本，刘薰宇、周为群、章克标编过数学课本，周昌寿、顾均正编过物理化学课本，傅彬然、范寿康编过教育学课本，贾祖璋、周建人编过生物课本，丰子恺编过美术、音乐教材，林语堂编过英文和英文文法课本，等等。编者全是一时之选。他们不但是各自领域的专家，具有文学修养，擅长写作，又大都有在教学第一线的实践经验，这给教科书的编写提供了知识和方法的有力保证，使开明书店编的中小学课本、讲义、教学参考资料超出当时已有水平。

林语堂编的《开明英文读本》是开明书店最有影响的教科书之一。起初章锡琛找到立达学园的英文教师方光焘，请他编写一套英文教本，方先生答应得很痛快，但工作太忙，迟迟不曾动笔。此时恰好北大教授林语堂在上海，想编一套中学英文读本，请朋友孙伏园代为找一家大书店出版，条件是要在编写过程中，每月预付三百元银洋的版税。孙伏园找了一家大书店，被婉言谢绝，便又去找开明的章锡琛，章先生竟一口答应，当即签下合同。这件事后来被传为佳话。

林先生还没有写出一个字来，便要出版社每月预付三百元版税，这对当年仅有五万元资本的开明书店来说，压力极大。再说当时商务印书馆的《英语模范读本》已发行多年，一统天下，林语堂的这套教材能否超过它，开明能否从中获取利润，在出版发行之前，都是未知数。但章锡琛就有这样的眼光和魄力，敢于承担风险，他的做法也得到了夏丏尊等同人的支持。待林语堂交了稿，开明便请丰子恺设计封面，配上漫画插图，还用优质纸张印刷。这套课本确实与众不同，指导读者从社会交际去学英语，无论文法还是表现法的处理都是"活的"（living）英语，再配上丰子恺画的插图，图文并茂，令人耳目一新。用陈原的话说，这套书有两点"突破"："一是内容多彩，不呆板；另一点是插图美，编排新，注音用宽式国际音标，使人不觉得要哭。应当说，这部课本的编辑是同传统的翻译教学法决裂的。"①

几年内该读本在市场占有率上就压倒了商务印书馆周越然的《英语模范读本》，印数不断上升，并连续畅销了二十多年，为开明获得了良好声誉和经济效益，成为开明书店的两大"吃饭书"之一。林语堂也凭借三十万元版税收入，被人戏称为"版税大王"。

眼见开明书店的英语教材获利甚多，世界书局老板沈知方让年轻的英文编辑林汉达编写一套英语教材投放市场。林汉达在自己编著的《标准英语读本》中袭用了《开明英文读本》的体例和一些材料，殊不料，这直接导致了开明书店和世界书局间一场由商业竞争引发的关于著作权的官司。

1930 年世界书局《标准英语读本》正式出版后，章锡琛找来一

---

① 陈原：《我与开明书店》，载中国出版工作者协会编：《我与开明》，中国青年出版社1985 年版，第 7 页。

本让林语堂对照,后者仔细核对后得出结论:该书与自己编写的《开明英文读本》有雷同之处。章锡琛请人告知沈知方,要求世界书局停止出版《标准英语读本》。沈知方没有同意。章锡琛遂让开明书店的法律顾问袁希濂写律师函给世界书局,提出警告,认为《标准英语读本》侵犯了他们的著作权,要求停止发行并赔偿损失。世界书局的编译所长范云六为初出茅庐的林汉达写了一份介绍信,他带着介绍信去找章锡琛,章锡琛见信后让他去找林语堂沟通。林汉达去了两次都没能见到林语堂,于是留下一张名片,写上了几句话,"讨教如何修改"。不料这句话连同范云六介绍信中"敝局出版'标准英语'与贵处出版'开明英语'有相似之嫌疑"等话授人以柄,在双方协商未果事态升级的情况下,开明书店把信和名片制成照相样版,以《世界书局标准英语读本抄袭冒效开明英文读本之铁证》为标题,刊登于《申报》、《新闻报》等,开明书店和世界书局的正面较量随之展开。

沈知方重金聘请知名律师郑毓秀向法院提起诉讼,控告开明书店"诽谤";而章锡琛则请求教育部对两书进行鉴定。事态不断发酵,对世界书局越来越不利,沈知方最后只得请来教育部常务次长刘大白从中斡旋。刘大白与章锡琛是同乡,与夏丏尊在浙江一师共过事,关系很好,经过反复商议,这场轰动上海出版界的官司最后以世界书局赔偿开明书店损失,并把课本的纸型送开明书店销毁了事。

官司以开明书店获得实质性胜利结束,《开明英文读本》因此广为人知,销量激增,而开明出版的其他科目教材也更受关注,可以说产生了出人意料的轰动效应,进一步打开了市场。对这场官司持坐山观虎斗态度的商务、中华两家,对开明书店能够击败世界书局大感意外，对开明书店的实力不再小觑。1931 年，由中华书局的陆费逵出面，邀约商务印书馆、中华书局、大东书局、世界书局、开明书店、正中书局的负责人到南京汤山开了一个会，对教科书出版达成共识，垄断民国教科书出版的"六大书店"随之诞生。开明书店成为唯一一家从新文化书籍出版起家，却能够与官办书局、大资本出版社并立的文化人主政的出版社。这场官司对于开明书店的发展可谓具有里程碑意义。

这一时期，夏丏尊还编写了不少高质量的国文教材读本，如《文艺论 ABC》、《文章作法》（与刘薰宇合作）、《文章讲话》（与叶圣陶合作）、《国文百八课》（与叶圣陶合作）等。限于篇幅，本书无法对以上读本一一剖析，不妨以《国文百八课》为例，来展现夏丏尊所编国文教材读本的特色。

《国文百八课》的全称是《初中国文科教学自修用国文百八课》，由夏丏尊、叶圣陶在 1935 年至 1938 年间陆续编写并由开明书店出版，原计划共编 108 课，分为 6 册，每册 18 课，实际出版了 4 册，共计 72 课。后来因抗战全面爆发未能全部完成，由于先期出版已经使用"百八课"名称，所以之后仍沿用原名。

夏丏尊、叶圣陶秉承"本书编辑旨趣最重要的一点就是想给与国文科以科学性，一扫从来玄妙笼统的观念"的编写理念，[①] 应用当时最新的文章学理论，以文话为中心，依据文体构建单元体系，内含"文话、文选、文法或修辞、习问"四项，以理论、运用为序将知识系统化、操作化。换言之，《国文百八课》一书尽管不是单元体系

---

① 夏丏尊、叶绍钧：《编辑大意》，《国文百八课》，生活·读书·新知三联书店 2014 年版，第 3 页。

的创建者，却是第一部为单元教学问题提出完整而合理的解决方案的教材。

《国文百八课》的选文不附注释，其原因之一是"很可以把这余地留给教学者的"，"本书关于教材和教法虽已大体拟定，实际教学时尚有待于教师的补充、阐发。如各项例证的扩充，章句的实际吟味，临时材料的提出，参考文篇的指示，练习的多方运用等，都希望教师善为处理"，从这些设计意图中可以明显看出夏丏尊、叶圣陶希望教师在使用《国文百八课》进行教学时，能积极、主动地对教科书内容进行补充、完善，发挥广大教师的主动性与创造性，实现教学效果的最优化。尤其是编者提到："如在实际教学上发觉有不合不妥的地方，尚望不吝指教"，① 其意更是如此。

具体而言，《国文百八课》"每课为一单元，有一定的目标，内含文话、文选、文法或修辞、习问四项，各项打成一片"。其中"文话以一般文章理法为题材，按程配置；次选列古今文章两篇为范例，再次列文法或修辞，就文选中取例，一方面仍求保持其固有的系统；最后附列习问，根据着文选，对本课的文话、文法或修辞提举复习考验的事项"。②

选文方面，夏丏尊、叶圣陶力求各体匀称，"不偏于某一种类、某一作家"，"内容方面亦务取旨趣纯正有益于青年的身心修养的"，可谓用心良苦。对于选文的写作技巧等方面，"唯运用上注重于形

---

① 夏丏尊、叶绍钧：《编辑大意》，《国文百八课》，生活·读书·新知三联书店2014年版，第4—5页。

② 夏丏尊、叶绍钧：《编辑大意》，《国文百八课》，生活·读书·新知三联书店2014年版，第3页。

式，对于文章体制、文句格式、写作技术、鉴赏方法等，讨究不厌详细"。① 为了配合文话教学，文选在选文和编排上也很讲究。相应于文话中横跨两册27课的记叙文讲述，文选中篇数最多的自然是记叙文。其中有很多名篇，如鲁迅的《孔乙己》、《鸭的喜剧》、《秋夜》、《风筝》，朱自清的《背影》、《荷塘月色》，冰心的《寄小读者》，叶圣陶的《古代英雄之石像》，徐志摩的《我所知道的康桥》；国外作品有都德的《最后一课》，莫泊桑的《项链》等；还有历久不衰的文言文篇目，如归有光的《项脊轩志》、《先妣事略》，魏学洢的《核舟记》，方苞的《左忠毅公逸事》，林嗣环的《口技》，刘基的《卖柑者言》，《战国策》中的《冯谖》，《史记》中的《西门豹》，等等。这里出现了一个很有意思的现象，这些古今中外的名篇，绝大多数是每一课的第二篇选文。而第一篇选文，在文学、美学及思想上可能没有第二篇那么高的价值，但是与文话的配合却更为密切，能找到更多对文话的例证。

夏丏尊、叶圣陶曾多次谈到，《国文百八课》是一套侧重形式的书，所选取的文章虽也顾及内容的纯正和性质的变化，但文章的处置全从形式上着眼。二人主张把学习国文的目标侧重在形式的讨究上，同时主张把材料的范围放宽，洋洋洒洒的富有情趣的材料固然选取，零星的便笔、一条一条的章则、朴实干燥的科学的记述等也选取。从形式上着眼去处置现成的文章，也许可将内容不适合的毛病减却许多。这些观点显示出语言文字的编撰形式与选文内容之间的关系。

整体而言，《国文百八课》的选编是一次非常有益的探索，其最大特色是它的文话。如果说有缺点，如吕叔湘先生指出的，"那么完

---

① 夏丏尊、叶绍钧：《编辑大意》，《国文百八课》，生活·读书·新知三联书店2014年版，第4页。

全没有注释应该算是它的缺点。编辑大意里说:'本书所收选文都是极常见的传诵之作,不附注释,教学时当也不致有何困难';又说:'关于难字、典故、人地名,有现成的辞书可以利用。'这就是没有考虑到有些学校的图书设备不够好,有些教师的语文修养比较差。再说,也还有一般辞书里查不出的,例如梁启超的《祭蔡松坡文》(第三册)里'孺博、远庸、觉顿、典虞'四个人名,除黄远庸知道的人较多外,那三位都是相当生而辞书里查不出的。再有,这篇祭文第一句,'自吾松坡之死,国中有井水饮处皆哭',这'有井水饮处'如果不说明出处,读者也会感到奇怪,为什么不说'有日月照处'什么的而说'有井水饮处'"①。

作家王统照在《丏尊先生故后追忆》一文中写道:"现时三十左右的青年在战前受中学教育,无论在课内课外,不读过《文心》与《国文百八课》二书的甚少。但即使稍稍用心的学生,将此二书细为阅读,总可使他的文字长进,并能增加欣赏中国文章的能力。不是替朋友推销著作,直到现在,为高初中学生学习国文国语的课外读物,似乎还当推此两本。夏先生与叶绍钧先生他们都有文字的深沉修养,又富有教读经验,合力著成,嘉惠殊多。"②

通过这段评论,可以看出夏丏尊、叶圣陶所编写的《国文百八课》的价值。

---

① 吕叔湘:《三十年代颇有特色的国文、英文课本》,载中国出版工作者协会编:《我与开明》,中国青年出版社 1985 年版,第 197 页。

② 王统照:《丏尊先生故后追忆》,载夏弘宁主编:《夏丏尊纪念文集》,浙江省上虞市文学艺术界联合会 2001 年版,第 54—55 页。

五、编译并行

除了教科书之外，夏丏尊主政期间，还肩负开明书店的文学书籍出版及海外图书的译介工作。1936 年，开明书店创立十周年之际，以《十年》为题出版了两本小说集，夏丏尊以一篇短序交代了此举的缘由：

> 开明创立于一九二六，到今年十周年了，打算出一种书，一方面对读者界作有一点儿意义的贡献，另一方面也给自己作个纪念。这部小说集刊就是从这样打算之下产生的。给它题个名字，谁也会想到又现成又醒目的《十年》。于是它有了名字。
>
> 据一般批评家说，我国的新文学运动以来，小说方面的成就比较可观。开明自从创立的那一年起，就把刊行新体小说作为出版方针之一。到现在，大家都承认开明这一类的出版物中间，很有一些在现代文学史上占有地位的佳作。这是开明的荣誉。开明要永远保持他的荣誉，就约当代作家各替开明特写一篇新作，用来纪念开明，同时也给我国小说界留个鸟瞰的摄影。发育了将近二十年的新体小说成为什么样子了，虽然不能全般地看出，但是总可以从这里看出一大部分。在这一点上，这部书似乎有着不少的意义。
>
> ……

夏丏尊此言不虚。到 1937 年，开明书店出版的各种新文学作品占其图书总数的 15％，其中中长篇小说 23 部，短篇小说集 32 部，新诗集 16 部，散文集 44 部。开明书店所出书籍中，周作人的《谈龙集》、《看云集》、《周作人散文钞》，茅盾的《子夜》、《蚀》、"农村三部曲"（《春蚕》、《秋收》、《残冬》）、《清明前后》，巴金的《灭亡》、《新生》、"激流三部曲"（《家》、《春》、《秋》），沈从文的《边城》、《长河》、《湘行散记》、《湘西》，王统照的《山雨》，叶圣陶的《倪焕之》，废名的《桃园》、《枣》、《桥》、《莫须有先生传》，师陀的《落日光》、《无望村的馆主》，端木蕻良的《科尔沁旗草原》，彭家煌的《怂恿》，夏衍的《上海屋檐下》、《法西斯细菌》，钱钟书的《人·兽·鬼》、《写在人生边上》，吴祖光的《风雪夜归人》、《林冲夜奔》、《正气歌》，丰子恺的《缘缘堂随笔》、《缘缘堂再笔》，朱自清的《背影》、《欧游杂记》、《伦敦杂记》，俞平伯的《燕知草》、《杂拌儿》、《杂拌儿之二》，朱湘的《草莽集》，汪静之的《寂寞的国》等已经成为现代文学中的经典之作。

开明书店和新文学之间能发生如此密切的联系，源于以夏丏尊为代表的开明人本身即是新文学的参与者与建设者，正如唐锡光所言：

组织和支持开明书店的，几乎全是章锡琛的同事和好友，他们有的是文学研究会的成员，如郑振铎、沈雁冰、叶圣陶、赵景深等。有的是立达学会的会员，立达学会是一些热心于教育的同志的一个组织，他们主张教育与劳动相结合，在上海办了一个新型的学校，叫做立达学园，如夏丏尊、匡互生、朱自清、朱光潜、刘薰宇、刘叔琴、丰子恺等。有的是商务印书馆编译所的编辑，如胡愈之、周建人、王伯祥、周予同、徐调孚、顾均正等。他们有的既是文学研究会的会员，同时也是立达学会的会员，并且也是商务编译所的编辑，三者兼而有之。他们意趣相投，感情融洽，不求名，不图利，都愿意认认真真做点事，对社会有所贡献。因为他们本来就是作家、教师和编辑，都爱读书，又能写作，还懂得出版技术。他们把开明书店当作自己的事业，时时关心它的成长，有了好的著作首先考虑交给它出版，有了好的设想尽先贡献给它。①

正是这样，草创之初的开明书店才得以印行文学研究会的机关报《文学周报》和立达学会的会刊《一般》，在竞争激烈的新书业中逐步站稳脚跟。开明跻身大出版社之列后，除了继续加强与知名作家的联系，还竭力提携新晋作家。负责新文艺书籍出版的叶圣陶和徐调孚两位，早在商务印书馆合作编辑《小说月报》之际，就大量发表新人作品，到了开明后，更加关注新人新作，新人作品更有机会结集出版。巴金曾用颇为绵长的文字回忆当年开明书店是如何帮助自己走上文学道路的：

可以说，我的文学生活是从开明书店开始的。我的第一本小说就在开明出版，第二本也由开明刊行。第二本小说的原稿曾经被《小说月报》退回，他们退得对，我自己也没有信心将原稿再送出去……过了一个时期我在原稿上作了较大的改动，送到开明书店，没有想到很快就在那里印了出来。这小说便是《死去的太阳》，它是一部失败的作品。所以在谈到开明时我想这样说，开

---

① 唐锡光：《开明的历程》，载中国出版工作者协会编：《我与开明》，中国青年出版社1985年版，第291页。

明很少向我组稿，但从第一本小说起，我的任何作品只要送到开明去，他们都会给我出版。我与他们并无特殊的关系，也没有向书店老板或者任何部门的负责人送礼，但这也可以说我和书店有一种普通关系，譬如，淡淡的友情吧。

……

我的作品不断地增多，也有了来找我约稿的人。我把稿子交给别家书店出版，开明不反对，后来我把卖给别人的三本短篇集和其他的书收回来送到开明去，开明也会收下，给印出来。在开明主持编辑事务的是夏丏尊，他就是当时读者众多的名著《爱的教育》的译者，他思想"开明"，知道我写过文章宣传无政府主义，对我也并不歧视。我感谢他，但我很少去书店，同夏先生见面的机会不多，更难得同他交谈。我只记得抗战胜利后我第一次回上海，他来找我，坐了不到一个小时，谈了些文艺界的情况和出版事业的前景，我们对国民党都不抱任何希望。他身体不好，近几年在上海敌占区吃够了苦，脸上还带病容。这是我最后一次看见他，他同我住在一个弄堂里，可是我不久又去重庆，第二年四月在那里得到了他的噩耗……①

开明书店创办初期，正值国民党形式上武力统一全国之际。然而实际上在思想文化领域，国共两党之间关于文化领导权的斗争一直极其激烈。开明书店和开明人却处在一种"赤者嫌其颇白，白者怕其已赤"的境地之中。潘汉年在《文化斗争》创刊号上认为"那些书店

---

① 巴金：《我与开明》，《随想录》，生活·读书·新知三联书店1987年版，第789—793页。

老板是缺乏革命性的小商人，在当局摧残革命文化手段日益毒辣的时候，他们是只有软化"[1]。开明书店据此被视作"贵族书店"，开明人的处世态度和行文风格俱遭到了左翼人士的批评。但开明书店更不见容于国民党当局，由于出版左翼作家文学作品，时常受到官方刁难。1932年2月6日，开明书店因销售《二心集》、《七封书信的自传》、《生活文选》、《小小十年》等被当局视为"反动"的文艺书籍，其杭州分店被杭州公安局奉令封停营业。

虽然处境堪忧，但在章锡琛、夏丏尊主持下，开明书店仍然秉承自己一贯的立场，以稳健的态度继续出书。端木蕻良回忆《科尔沁旗草原》的出版过程时写道：

> 我赶写出长篇小说《科尔沁旗草原》，也就是我写的第一个长篇。当时，郑振铎先生有意把它编入商务印书馆主编的一套文学丛书中。但当时馆方认为有"违碍之处"，不肯出版。待到抗日战争爆发前，开明书店收到我的《科尔沁旗草原》时，却从未向我提出书中有什么需要删节的地方，而是按照原稿，很快就付排了。[2]

随着国民政府文化控制的加强，以开明书店为代表的中间立场的出版人与左翼人士在争取出版自由的行动中愈来愈默契，之后紧密地走在了一起。1934年2月19日，上海各书店收到了国民党上海市

---

① 潘汉年：《本刊出版的意义及其使命》，载《中国新文学大系1927—1937 史料·索引一》第19辑，上海文艺出版社1985年版，第208页。
② 端木蕻良：《〈科尔沁旗草原〉在开明》，载中国出版工作者协会编：《我与开明》，中国青年出版社1985年版，第19页。

党部奉国民党中央宣传委员会查禁"反动"书刊的正式公文。这一公文开列查禁图书149种，牵涉作家鲁迅、郭沫若、茅盾、陈望道、田汉、沈端先、柔石、丁玲、巴金等29位，涉及25家出版社。查禁虽是针对左翼文学，但出版业遭到殃及。中国著作人出版人联合会集议，决定呈文要求从轻处理。不过，商务印书馆、中华书局因被禁书数量绝少，不愿参与此事，而被禁的现代、光华、湖风等书店，又是小书店，说话没有分量，开明书店自然被推举领衔具名呈文。国民党上海市党部对开明书店格外重视，在内部工作报告中评价"开明书店从小说起家，今则贯注于教科书——尤其是中等学校用之教科书，其编辑人员，如夏丏尊、叶绍钧、丰子恺等其学识经验较之世界、大东之三十元四十元一月请来之编辑，实不可同日语；故其出品，亦较优胜，而销路亦殊不恶，在新书业中，俨然成为后起之秀，今在四马路，租有月费一千两之巨厦，居然硬与商务、中华，争一日之长矣。该局之出版教科书外，其可述者，即为出版茅盾、沈雁冰之著作也，计有《蚀》(包括《动摇》、《幻灭》、《追求》三种)，《虹》、《三人行》、《子夜》等，销路甚佳"①。除了两次具名呈文要求当局"体恤商艰"外，章锡琛和夏丏尊还联名写信给蔡元培、邵力子，请求援助。这一次集体行动最终使得国民党中央宣传委员会下令对查禁的书籍分为五档区别对待。茅盾认为"国民党对于左翼书刊的查禁又部分解禁，使书店老板总算松了口气，对于我们这些有几本书在书店里出版的'老作家'，生活的压力也减轻了一点，因为终究每月还有版税可拿"②。

开明书店大量出版新文学作品，追求丰厚的经济收益毋庸讳言。

① 茅盾：《我走过的道路》(上)，人民文学出版社1997年版，第642页。
② 茅盾：《我走过的道路》(上)，人民文学出版社1997年版，第644页。

开明所出新文学书籍大多畅销，其中再版 5—10 次的就有 29 部，再版 10 次以上的则有 18 部。其中，茅盾的《子夜》出版后 3 个月内重版了 4 次，初版 3000 部，到 1949 年 3 月发行了 22 版，且再版数每次均是 5000 部。巴金的《家》一共印行 33 次，创造了新文学书籍发行纪录，由新文学书籍的发行量可见开明书店的获利当不一般。可以想见，夏丏尊在其中功不可没。

不过作为旨在启蒙民众思想的开明人，夏丏尊更多看重文艺的社会价值：

> 可以说文艺落伍，即是其他一切落后的原因。浅薄的劝惩文艺，宣传的实用文艺，荒唐的神怪文艺，非人的淫秽文艺，隐遁的山林文艺，把中国人的心灵加以栓塞或是加以秽浊，还有什么好的深的东西从中国人的心灵中生出来呢？
>
> 为输入新刺激计，外国文艺不但可以为他山之石，而且是对症之药。西洋近代文明的渊源，大家都归诸文艺复兴。所谓文艺复兴者，只是若干学者在一味重灵的基督教思想的时代，鼓吹那重肉的希腊罗马古文艺的运动而已，结果就从中世纪的黑暗时代，产生了"近代"。足证文艺的改革，就是人生气象改革的根源。最近的五四运动与白话文学有关，是大家知道的事。但可惜运动只在文艺文字的形式上，尚未到文艺的本身上。[1]

既然开明书店以青年读者为对象，教科书是其营业大宗，夏丏尊

---

[1] 夏丏尊：《文艺论 ABC》，《夏丏尊文集》（文心之辑），浙江人民出版社 1983 年版，第 138 页。

等在推广营销文学书籍时的一个策略，就是将新文学运动所取得的实绩非常巧妙地体现在他们的教材中。叶圣陶就说过："从教育意义上说，要使中学生了解固有文化，就得教他们读经史古文。现代人生与固有文化同样重要，要使中学生了解现代人生，就得教他们读现代文学。"①因此在他们编定的国文教材中除了古典名篇之外，还自觉大量收入新文学作品，尤其是蔡元培、鲁迅、胡适、周作人、冰心、朱自清、叶圣陶等具有鲜明特点的作品。除了将新文学作品"经典化"之外，他们还通过编著辅助性的读物，通过系统介绍从语体文法修辞到文章结构直至新文学理论、观念主张、形式技巧的知识，为新文学的传播做了系统、细致的工作，也为新文学培养了大批"合格"的读者。这种不断寻求一致平衡点的方式，可谓实现了商业利益与文化启蒙之间并行不悖的发展，使得开明书店得以在中国新文学史上占据一席之地。

身为开明书店编译所的负责人，夏丏尊还亲力亲为，为广大青年学子翻译了不少海外经典作品。当时的中国出版界，对于海外作品的译介，更多是见于报章而不是印刷专门的著作。中国思想文化界急需借鉴西方的先进知识理念，广大青年人却无足够的书可读，夏丏尊决心利用开明书店这么好的出版平台，将西方和日本的优秀文学著作引入国内。

为了让国人了解日本作家对中国的看法，夏丏尊与章克标一道动笔翻译芥川龙之介的作品。夏因为事务缠身，只译了四篇，章克标负责其余部分，1927 年 12 月，《芥川龙之介集》经夏丏尊悉心编辑，

①　叶圣陶：《国文教学的两个基本观念》，载叶至善、叶至美、叶至诚编：《叶圣陶集》第 13 卷，江苏教育出版社 2004 年版，第 49 页。

由开明书店出版。

夏丏尊在开明书店最有名的一部译作，也是奠定他在文学翻译界地位的，是《爱的教育》。这本书译出后，先是由商务印书馆出版发行。看到发售广告后，夏丏尊兴冲冲地跑到商务的门市部购书，找了半天，却始终没看到自己的译作。他问店员为什么报纸上刊登了《爱的教育》的预告，却在店里看不到书，得到的竟是店员十分傲慢的回答："我们这里书可多哩，谁知道。"夏丏尊自然非常生气，经与商务印书馆协商，等到第一版卖完，自动解除了出版合同。

后来，夏丏尊把此书版权带回了开明书店，作为"世界少年文学丛刊"之一种发行。丰子恺友情担纲装帧设计，为全书绘制了封面和十幅插图，加上宣传得当，《爱的教育》风靡一时，成为新文学运动以来最为畅销的儿童文学译作，也成为高小、初中的教材和课外读物。比如上海澄衷中学就把该书当作初中生的补充教材，要求学生们每周交一篇读书笔记。可以说，在新中国成立前毕业的中小学生，很少有没读过《爱的教育》一书的。甚至有人说这本小说对民国中小学教育界的影响丝毫不输于卢梭的《爱弥儿》、杜威的《民本主义与教育》。到1949年3月，《爱的教育》已连续印刷30版以上，成为开明书店名副其实的"吃饭书"之一，诚可谓实现了社会效益与市场效益的双赢。

夏丏尊起初也没想到自己的译作会如此畅销，居然经久不衰，销售数十万册，成为开明书店支撑资金的台柱子。有一次诗人毛翼虎、胡开瑜去看望夏丏尊，聊及《爱的教育》时，二人赞誉有加，夏丏尊则说："我靠《爱的教育》吃饭。"虽是一句玩笑话，但确也反映了真实情况：在开明书店的众多作者当中，除了版税达三十万之巨的林语堂外，稿酬第二丰厚的，恐怕就是夏丏尊了。1936 年的一天，夏丏尊与师友相约在上海北四川路的内山书店见面，碰巧遇到鲁迅。鲁迅称赞《爱的教育》所创下的业绩，开玩笑地说："这本书卖得好，你可是当财神爷了。"夏丏尊微微点点头，没有说什么，大家也都笑了起来。

正因为该书对于中小学生教育针对性强，符合该年龄段学生特征，因此很多学校采用《爱的教育》一书后，获得的效果之好往往出人意料。如当时上海商务印书馆附设的私立尚公小学的教师王志成遵循《爱的教育》中的原则，在学校内推广试用相关教育方法，收效甚佳。这位王老师后来将逐日所记的教育笔记整理成《爱的教育实施记》，1930 年由开明书店出版。夏丏尊有感于自己译介的作品确能普惠教育界，特意为其写了书评。

主政开明书店后，时常有读者给夏丏尊写信，希望他能够沿着《爱的教育》的方向，多译一些同类的作品。夏丏尊当年在湖南一师的同事孙俍工专门从东京寄来《续爱的教育》的日译本，请其翻译给中国读者。《续爱的教育》是《爱的教育》的姊妹篇，由意大利著名诗人孟德格查撰写，他也是亚米契斯的挚友。如果说《爱的教育》属于软性的针对少年儿童的教育，那么《续爱的教育》就是硬性的男子汉式的教育。夏丏尊也特意在《续爱的教育》译者序言中讲道：

> 亚米契斯的《爱的教育》译本出版以来，颇为教育界及一般人士所乐阅。读者之中，且常有人来信，叫我再多译些这一类的书。朋友孙俍工先生亦是其中的一人，他远从东京寄了这日译本来，嘱我翻译。于是我专心译了，先在《教育杂志》上逐期登载。这就是登载完毕后的单行本。

　　原著者的事略，我尚未详悉，据日译者三浦关造的序文中说，是意大利的有名诗人，且是亚米契斯的畏友，一九一零年死于著此书的桑·德连寨海岸。

　　这书以安利柯的舅父白契为主人公，所描写的是自然教育。亚米契斯的《爱的教育》是情感教育，软教育，而这书所写的却是意志教育，硬教育。《爱的教育》中含有多量的感伤性，而这书却含有多量的兴奋性。爱读《爱的教育》的诸君，读了这书，可以得着一种的调剂。

　　学校教育本来不是教育的全体，古今中外，尽有幼时无力受完全的学校教育而身心能力都优越的人。我希望国内整千万无福升学的少年们能从这书获得一种慰藉，发出一种勇敢的自信来。[①]

夏丏尊读过日文版后，认为此书价值也很大，决心认真译介，他每译完一部分，都会先在《教育杂志》发表，一方面让切盼的读者们一睹为快，同时也能及时与读者沟通，便于修改完善译作。如此寒来暑往，逐期发表，最终形成了开明书店出版的《续爱的教育》单行本。到 1949 年，这部书先后印刷了 26 版，又创造了教育出版界一个不小的奇迹。

　　可以说，在当时，读者对夏丏尊的认可甚至超过了《爱的教育》的原作者亚米契斯。"爱的教育"一词也几乎与夏丏尊画上了等号，被视为那个时期感化主义教育理念的标志。唐弢曾如此评价夏丏尊的"爱的教育"：

---

　　① 夏丏尊：《〈续爱的教育〉译者序》，《夏丏尊文集》（平屋之辑），浙江人民出版社 1983 年版，第 123 页。

朴直，和善，诚敬，作为教育家，他自己便是"爱"的全部的化身。①

寥寥一句，却抓住了夏丏尊一生从事教育和出版事业的核心精神所在，堪为至评。

六、《文心》天成

夏丏尊在开明书店的著述成就，当然不单单限于《爱的教育》，他与叶圣陶合著的《文心》一书，是指导当时中学生语文学习的作品，也不能忽略。

夏丏尊与叶圣陶相识于立达学园，后夏丏尊入主开明书店，邀请叶圣陶加盟共事。相处日久，双方发现在政治、文化、社会及教育等方面，彼此的看法很是一致，并且二人既拥有长期从事教育的经验，又都是文坛指点江山的好手。鉴于那个时代青少年国文教育上的不佳状况，他们经过深思熟虑，决定联袂撰写一系列指导如何进行语文阅读、鉴赏、写作的文章，供学生们学习以及中学教师们日常教学参考之用。

两人事先讨论好讲些什么内容，情节如何设计，彼此轮流执笔，每月写一篇或数篇有关国文教学方面的文章，在《中学生》杂志上连载，从第 31 期连载到第 46 期。这些文章既各自独立，又相互联系。

① 唐弢：《从绚烂转向平淡》，载夏弘宁主编：《夏丏尊纪念文集》，浙江省上虞市文学艺术界联合会 2001 年版，第 233 页。

一年半的时间里，一共刊登了 32 篇，到 1934 年 6 月，由开明书店结集出版，这就是《文心》。

《文心》这本书初版时副标题是"读写的故事"。全书采用类似故事小说的体裁，通过师生之情、亲子之爱、同窗之谊以及各种活动，讲述了中学生练习阅读和写作的目的与方法等。该书不但从理论和知识方面进行指点，而且着重于实际的训练和应用。书中的每篇文章都有一个贴切的题目，设置一个最便于衬托的场面。《文心》一书的主要人物有王仰之、周枚叔、周乐华、张大文等几位，这几个角色贯穿全书，将个人的经历与社会的大小时事融为一体，把关于国文的抽象知识与广大青少年学生日常学习生活中都会遇到的具体事情紧密联系起来，写得深入浅出，生动有趣，引人入胜。《文心》出版时，语言学家陈望道和散文作家朱自清两位先生分别作序，对该书给予了极高的评价。

《文心》出版后，迅速在社会上引起了强烈反响。先后曾在商务印书馆和开明书店工作过的徐调孚称《文心》是他在 1934 年最爱读的书，甚至誉之为"五十年来百部佳作"之一。开明书店在广告词中说《文心》是"一群中学生三年间生活史的缩影"①。许多读者反映，《文心》的可读性极强，可以作为文章作法读，可以作为"文学入门"读，也可以作为一本小说来读。书中写到周乐华等一群中学生做人和求学的态度，足为青年的楷模。一时间，《文心》被誉为"像牛奶那样既富营养又多兴味的一本书"②，是"青年阅读和写作的宝典"，"为天下

---

① 《中学生》1935 年 2 月号。
② 《中学生》1935 年 9 月号。

之至文"。①

在短短几年内，应广大读者的不断要求，《文心》再版多次。新中国成立后，开明书店与青年出版社合并，成立了中国青年出版社，又在 1983 年重印《文心》。新版《文心》第一次就发行了 10 万册，可见其受欢迎程度未见衰退。

《文心》的成功与巧妙之处，就在于寓理于事、寓论于例，在娓娓道来的故事中、在贴近生活的氛围里让中学生兴致勃勃地掌握语文学习的方法。《文心》通过塑造国文老师王仰之先生，曾教过国文的周枚叔，英文老师张先生以及王仰之的亲戚、在福建教书的修辞学家赵景贤等生动的形象，以教学实践的模式，反复告诉读者，要想真正学好国文，首先要搞明白学习语文的目的，然后就要靠教师的正确引导、启发和学生的主动学习、思考与练习。

《文心》一书展现了夏丏尊、叶圣陶两位有情怀的教育家，在剧烈动荡的时局中所努力塑造和期待的"文心"，他们认为，尊重"文心"的语文教学才能符合学生的成长规律和学习心理。其教学观的独到之处在于：尊重学生的生命成长，谙熟学生的学习心理，关注学生写作的实绩与成效。

叶至善在《文心》的《重印后记》中也指出："有人认为阅读的目的就只为练习写作，因而专在模仿技巧和积蓄词汇方面下功夫；有人认为练习写作的目的是提高文学创作，只要学会了技巧，积蓄了词汇就可以当作家"，这样理解阅读和写作的目的是完全不对的。《文心》多次强调，阅读和写作是做好工作和料理日常生活所不可

---

① 《中学生》1934 年 11 月号。

缺少的技能。"会考到底不是什么紧要的事,只要应付得过去,能够及格,这就好了。紧要的还在于学习了各种科目,是否真能充实你们自己,是否随时随地可以受用。这是成功与失败的标准,你们学习一切,都可用这个标准去考量自己,从而知道自己是成功还是失败。"语文学科与其他学科一样,"最终的目的还在于整个生活的改进。这一点必须认识得清楚,否则将陷于错误,认为为有国文科目而学习国文,为有算学科目而学习算学"。《文心》处处渗透了教育工作者在作文教学中全面尊重和关心学生生命成长的理念,注重培养学生独立的人格和思考能力,讲求师生平等,激发学生的生命潜能,让学生成为真正的"人"。

如此深具匠心的作品,自然获得了年轻读者们的一致好评。作为众多读者中的一员,陈原认为通过阅读《文心》,给他"学作文很大帮助——不,我说,不仅学作文,而且学做人,做一个平凡的、认真的人。可以认为,在这之前没有人能像夏老(丏尊)和叶老(圣陶)写过那样动人心弦的作文指导和读书指导"。从夏丏尊、叶圣陶这一篇篇文章里,陈原领悟到,"比作文更重要的,是如何去读书,如何能善于读书"。所以他感叹"《文心》是出版史上一件有意义的事,将来有人写近代中国出版史,请不要忘记提它一笔。这组文章似小说而非小说,似'指南'而胜于'指南'。完全可以说,两老的德行,都融化到这部小说里,因此它能深深地感动人"。① 其影响之深,可见一斑。

从教育思想史的角度审视,夏丏尊、叶圣陶在《文心》里面所展

---

① 陈原:《我与开明书店》,载中国出版工作者协会编:《我与开明》,中国青年出版社1985年版,第6页。

现的理论倾向，应该说对西方近代重视儿童教育的思想多有借鉴。这种思想源于文艺复兴、启蒙运动对于人性的颂扬及儿童的发现。夸美纽斯认为，人天生具有知识、道德和虔敬的种子。卢梭在其著作《爱弥儿》中更是指出，不要把儿童看成是"小大人"，他们具有独立的不同于成人的生活，有他们特有的想法、看法和感情。之后，杜威继承了这一思想遗产，提出"教育即生长"。五四运动以来，这一思想随着胡适、陶行知等人的大力推崇以及杜威访华传入中国，很快在全国各地传播开来。与此同时，我国的思想家教育家们也逐渐意识到传统教育背离了儿童的天性，必须进行改革，如鲁迅等发出了"救救孩子"的呐喊。就是在这样的思想环境中，夏丏尊和叶圣陶形成了自己的青少年教育思想。不仅如此，他们还因为有着丰富的国文教学实践经验，尤其关注如何在国文教学领域真正落实，以改造当时盛行的"不曾了解儿童，不以儿童本位一义为教授的出发点"的国文教学。《文心》这部教育小说便是夏丏尊、叶圣陶改造国文教学的具体行动之一。

七、古籍"破冰"

进入 20 世纪 30 年代，政治文化形势的变化对出版界影响甚大。国民党政府加紧了对意识形态领域的管控。1934 年 2 月 19 日，蒋介石发表《新生活运动之要义》的演说："我们要改革社会，要复兴一个国家和民族，不是武力所能成功的。要如何才可以成功呢？简单的讲，第一就是要使一般国民具备国民道德，第二就是要使一般国民具备国民知识。道德愈高知识愈好的国民，就愈容易使社会一天比一天有进步，愈容易复兴他们的国家和民族。"为此，国民党政府开始大力推行从旧伦理道德中寻找政治统治资源，企图借此增强民族凝聚力和自信心的新生活运动，一时间读经尊孔的思潮甚嚣尘上。

在这一时期，古籍整理不受审查，无须承担政治风险，加之尊孔读经使古籍有了更大的市场，相比左翼书籍更加有利可图，大小出版社凭借现代印刷技术纷纷投入这个以往由旧书业把持的领域。时人胡怀琛曾做过一个统计："今再将商务一家二十三及二十四两年所出一般读物，及翻印古书的册数，来比较一下，看是怎样。二十三年全年出版的一般读物756册。二十三年全年翻印的古书1415册。二十四年全年出版的一般读物881册。二十四年全年翻印的古书1961册。所谓一般读物，系指编译的各种读物，但中小学教科书不在内。然照上面所开两项的数目字，比较下来，二十三年翻印古书的册数几乎抵得一般读物的两倍，而二十四年更是两倍有余。"①

开明书店凭借早前教科书和新文学书籍的成功发行树立了自己在新书业的领军角色，但在声望、资本和规模上还是远远不及老牌的商务印书馆、中华书局，一心向二者看齐的章锡琛决心抓住这个机会，拓展业务，实现转型。

1930年，章锡琛、夏丏尊意外得到海宁朱起凤的《辞通》书稿，为开明书店打开了古籍出版的大门。

朱起凤（1874—1949），字丹九，浙江海宁人。《辞通》一书的编写，缘起于清光绪二十一年（1895），他在外祖父吴浚宣主掌的海宁

---

① 胡怀琛：《最近上海各书局翻印古书潮之考察》，《时事新报》1936年12月23日。

安澜书院代阅课卷，一次有学生引用成语"首施两端"，他认为是笔误，加上了"当作'首鼠'"的评语。试卷发还后，书院学生一片哗然，谓"《后汉书》且未见，乌能阅文？"经此一事，朱起凤发奋潜心读书，搜求有通假现象的双音词，细加整理、考订和辨析，在1918年终于草成这部300多万字的工具书。朱起凤之子吴文祺对《辞通》曲折的出版历程有过详尽记载：

> 携稿至沪（1918年），托人多方联系出版事。吴兴富商刘承幹、仓圣明智大学总管姬觉弥，均愿出资购买著作权，以他们的名义出版，为作者所拒绝。
>
> 中华书局陆费逵，拟影印出版，用晒图纸试印数页，因笔画太细，不甚清晰作罢。
>
> 商务印书馆编译所高凤谦，因《辞源》出版未久，成本尚未收回，辞不接受。文明书局经理李子泉愿购版权，因稿费过低，未成。
>
> 一九二六年（民国十五年丙寅）五十三岁。文祺任职商务印书馆编译所，复携稿托郑振铎介绍于编译所所长王云五。王因正集中全力印刷《万有文库》，未及翻阅，不到一小时即将原稿退回。
>
> 一九二八年（民国十七年戊辰）五十五岁。文祺任商务印书馆馆外编辑，又托胡适介绍至商务印书馆，这已经是第三次了，仍未被接受。又介绍至中央研究院历史语言研究所，所长傅斯年愿购稿本，不过出版与否，须视经费盈绌为定。作者不同意。
>
> 同年冬天，有许晓天者，私人设立一个国学讲习会，招生学习，约文祺去演讲。演讲中谈及《新读书通》对学习古典文学的用处。许君极重视，因介绍给他的亲戚所设的"群学社"出版，

并邀请作者来沪订立合同。后因此书古字太多，排印困难而解约。

一九三零年夏（民国十九年庚午）五十七岁。文祺自厦门集美假归，写了一篇《介绍朱丹九先生的〈新读书通〉》的文章，同时选录《新读书通》词条五十余条（若将每条通假词分列，至少有四百条以上），每条与《辞源》对比，油印十五册，携至上海，托徐志摩携一册至中华书局，朱宇仓携一册至医学书局，徐调孚携一册至开明书店。开明主持人夏丏尊、章锡琛考虑出版，尚未定夺。王伯祥、叶圣陶、周予同、郑振铎均极力赞成，夏、章之意遂决，并改名为《辞通》出版。①

既然此书属于上品，夏丏尊等人认为巨著自不应当被湮没，加之同人力荐，于是议定由宋云彬邀请朱起凤来沪协商，签订版权转让契约，付给稿费六千元。

历时三载，1934 年 8 月，《辞通》以上下两大册的形式出版，夏丏尊在其所作序言中说：

> 虽然，当世称赏之者固众，而所以遇之者綦啬。富者自文其陋，欲购稿以窜己名。坊贾号为乃心文化，见其卷帙之繁，又不能无踌躇，遂屡加颠播而终且见格，生有惮一顾即托词返稿者。十载一还，落落无合，先生之志亦既衰矣。②

---

① 吴文祺：《辞通·重印前言》，载朱起凤：《辞通》，上海古籍出版社 1982 年版，第 11—13 页。

② 夏丏尊：《辞通·序》，载朱起凤：《辞通》，上海古籍出版社 1982 年版，第 53 页。

尽管财力不及商务、中华那么雄厚,且销量难定,但决议接受后,开明书店全力编辑,指定由宋云彬负责整理编校,周振甫、卢芷芬协助校订。为了更好地推介《辞通》,除夏丏尊亲自作序外,开明还请来章太炎、胡适、钱玄同、刘大白、林语堂、程宗伊为之作序。夏丏尊称"写本稍出,士林交誉";章太炎赞赏此书"方以类聚,辨物当名,其度越《韵府》,奚翅什佰"[1],可谓填补语言学界之空白;胡适评价"朱先生是一个有方法、有创见的学者,他著此书,不仅仅给了我们一部连语辞典而已,同时给了我们许多训诂学方法的教材,这是此书的最大功用"[2];钱玄同则认为"前代关于语言文字学的著作,创见最多的不过是黄扶孟(生)的《字诂》与《义府》、方密之(以智)的《通雅》、王石臞(念孙)的《广雅疏证》、朱允倩(骏声)的《说文通训定声》数书而已。朱先生的《辞通》,创见之多不亚于他们,或且过之"[3];弘一法师也欣然为该书题写了书名。

1934 年《辞通》面世,预约卷一万张,两个月内即已售罄,加印数万册,仍供不应求,开明更是借此赢得学林赞誉,在古籍策划出版领域破冰成功,得到业界认可。

除《辞通》外,开明书店还出版了《二十五史》。为了与商务预约发售的《百衲本二十四史》区别开来,夏丏尊等人在编排体例和价格上大做文章。叶圣陶在《〈二十五史〉刊行缘起》中作了详细交代:

既然认定这一个目标,就不能不再作两种决定。第一,决定

---

① 章炳麟:《辞通·序》,载朱起凤:《辞通》,上海古籍出版社 1982 年版,第 16 页。
② 胡适:《辞通·序》,载朱起凤:《辞通》,上海古籍出版社 1982 年版,第 17 页。
③ 钱玄同:《辞通·序》,载朱起凤:《辞通》,上海古籍出版社 1982 年版,第 18 页。

翻印什么书籍。我们以为珍本、孤本、古本之类，对于一般人固然少有用处，就是喜欢这些东西的少数人也只把这些东西看作古玩罢了。在我们中国，如果浪费了值得爱惜的出版能力去替少数人制造这等奢侈品，那简直是不应该的事。所以我们必须同时考查书籍的本质和文化界的需要，某一种书籍，在本质方面和需要方面，要比得上米粮和布匹，那才是应该翻印的。第二，决定采用哪一种印刷方法。我们以为把旧书缩印，而并不减少篇幅，或者仅仅减少有限的篇幅，那是打不破书籍的独占的老局面的。篇幅多了，卖价不得不昂贵，昂贵到超出了一般经济能力以上，就只有有财有势的人才能够享受。并且繁多的篇幅必须占广大的空间，如果没有宽阔的藏书室，多量的书籍简直是没法安置的累赘。这等限制不只使私人感到困难，就是规模比较小一点的图书馆也就难以对付。所以我们必须把一般的便利作为前提，来决定我们的印刷方法。某一种印刷方法，在购买方面和收藏方面，要不致使私人和图书馆感到困难，那才是应该采用的。

现在我们翻印《二十五史》，把《二十五史》缩成不很大也不很重的九本，就是我们作两种决定以后的结果。①

开明版的《二十五史》因价格低廉，编排精当，出版后极受欢迎，陈寅恪、顾颉刚等学界名流都特意慕名求购。随后开明书店将历朝历代学者对《二十五史》的"补作"、"校正"、"考订"之作汇集为《二十五史补编》出版，顾颉刚称誉该书"洵可谓为近年史学界中一绝大快举，

---

① 叶圣陶:《〈二十五史〉刊行缘起》，载叶至善、叶至美、叶至诚编:《叶圣陶集》第18卷，江苏教育出版社2004年版，第201—202页。

夫使我辈眼福可夸耀于前人者，开明书店之力也"[1]。周振甫解读了这部书的特色："《二十五史》是纪传体，有本纪来记帝王和大事，有列传来记人物，有各种表来记年代、事件和人物的各种关系，有志来记天文、地理、河渠、礼乐、刑法、货殖、艺文等各种自然现象和文化活动。可是有的史有志却没有表，有的史表和志都没有，这就有待于学者的补写。这种补写粗略说来有三类：一是补作，像钱文子作《补汉兵志》，郝懿行作《补宋书食货志》；二是校正，像王元启作《史记月表正伪》，汪远孙作《汉书地理志校本》；三是考订，像梁玉绳作《汉书古今人表考》，姚振宗作《隋书经籍志考证》。原来缺乏表志的史书，给补上了，给研究这部史书的以很大方便。不仅可以从纪和传中了解这部书中的大事和人物传记，还可以了解时间、人物、事件的种种关系，了解自然界和社会上以及政治、法律、经济、教育、文艺等种种现象和关系。这是编辑出版《补编》的重要作用"[2]。

在古籍印行大盛之际，开明书店所出古籍虽然并不多，但凭借《二十五史》、《二十五史补编》、《二十五史人名索引》、《六十种曲》、《十三经索引》等大部头的出版，塑造了颇具质量与影响力的品牌，树立了大书店的身份，与商务印书馆、中华书局遂成三足鼎立之势。

出版古籍，弘扬传统文化，并不代表夏丏尊等开明人持有复古倾向。出版事业在商言商，无须回避利益诉求，但夏丏尊对古籍占据出版主流这一现象的缘由和弊端是有清醒的认识的。1935 年，开明书店下辖的中学生杂志社登出《我们对于文化运动的意见》一文，夏丏

---

① 顾潮编著：《顾颉刚年谱》，中国社会科学出版社 1993 年版，第 292 页。

② 周振甫：《开明编刊的辞书及古籍》，载中国出版工作者协会编：《我与开明》，中国青年出版社 1985 年版，第 207—208 页。

尊、叶圣陶、王伯祥、金仲华、周予同、徐调孚、顾均正等署名，反
对政府提倡的读经运动，申明立场：

> 我们相信文字和文化运动有极密切的关系，文言文或古文早
> 已走上了末路，那些僵硬了的文章组织，实在不足以表现现代的
> 生活。依照口头语写成的"国语文"，在修辞学上看来，其精密
> 详审的程度，比较文言文进步得多，决不是浅陋苟简的东西。
>
> 要提高一般学生的国文程度，只有提高"国语文"。如果专
> 教"古文"，便是阻止了他们的进步，在课堂上作诗词歌赋，更
> 是反时代的愚蠢的举动。[①]

生意归生意，志趣乃志趣，决不因利益而妨害志趣，夏丏尊等人
的文化立场抑或出版信念，由此可见。

与夏丏尊有着亦师亦友之谊的曹聚仁对开明书店有过切实的评价：

> 自从开明书店登场，中国出版界，才有认真为学生着想的读
> 物。书店，本来和其他买卖一样，自以营业牟利为第一义。我们
> 却希望书业中人，要"牟利不忘文化"才好。……我说开明书店
> 乃是他们"开明人"的名山事业，这话不算错吧？[②]

文学家向锦江曾有一篇文章题为《开明书店教育了整整一代青

---

① 《我们对于文化运动的意见》，《读书与出版》1935 年第 2 期。
② 曹聚仁：《我们的舍监夏丏尊先生》，载夏弘宁主编：《夏丏尊纪念文集》，浙江省上
虞市文学艺术界联合会 2001 年版，第 143 页。

年》，专就开明书店在那时所取得的出版成就进行了全面梳理，其中写道："开明书店就是在那样的严酷环境中奋斗过来的。由于她不断出版好书、好刊物，愈来愈受到广大读者的信任和欢迎。开明的服务对象一向侧重青少年，因此，与开明同时代的青少年，大都读过一些开明出版的书刊，或多或少地接受过她的影响，我敢于说，开明出的好书，曾经教育了整整一代青年"。回顾当时出版界的实际情形，"一方面是几个资本比较雄厚的老牌书店，另一方面，就是纯粹为了赚钱的投机商人。在这种情况下，中国革命的形势要求出版界出现一股新的力量，把反帝反封建的进步革命精神作为总方向，来从事出版工作。今天回顾起来，当年做出卓越成绩的有生活书店、新知书店、读书生活出版社等。开明书店也是其中之一，然而开明有开明的特色，开明更注重教育。她显示了一种开明的宽广的科学的精神，反对倒退，反对狭隘，反对愚昧。这个进步倾向从开明创立到全国解放，十分明显地贯串在开明的出版工作中。这对当时的广大青少年读者是有益的启蒙，甚至可以说是终身受用的。因为这些积极因素，对于树立马克思主义世界观也很有用"。①

综观开明书店的发展，既是一部完整的"开明书店史"，又是一部传奇的"出版社史"，更是一部生动的"知识分子心态史"。夏丏尊在其中写下了浓墨重彩的一笔。

---

① 向锦江：《开明书店教育了整整一代青年》，载中国出版工作者协会编：《我与开明》，中国青年出版社 1985 年版，第 94—95 页。

第五章

与《中学生》共浮沉

一、新的时代

　　第一次走进上海四马路的开明书店去买书，已经是三十年代中期的事。当时四马路这条文化街给我留下的印象是，商务、中华都是大字号，气势雄伟，满目琳琅，但在一个中学生看来却不无"宫墙数仞"之感，只能怀着肃然的心情进去参观，那里的书许多看不懂，更多的是买不起。北新书局也是老字号，过去给我留下的印象是很深的，但这时似乎已经奄奄一息，阴暗的一开间门面里摆着一些重版书，新书少得很，引不起走进去看的兴趣……在一个文学青年眼里，几家门面外的开明书店则是不同的。店面里是一片明亮的、生气勃勃的景象，新书多而印制精美，绝无大书店出品那种老气横秋的面目。在这里可以看到文艺战线上的最新成果。茅盾的《子夜》、巴金的《家》、叶圣陶的《倪焕之》，这些重要的长篇都是开明献给读者珍贵的礼物。更使人不能忘记的是，开明当时还经营寄售业务。鲁迅先生印的《海上述林》的皮脊精装本，作为"版画丛刊"之一依原本精雕重印的《十竹斋笺谱》第一册，还有先生逝世后出版的三本一套《且介亭杂文》，我都是从开明得到的。至今还记得捧书归来时的高兴感激心情。这种在出版社与读者之间产生的情愫，是非常美好的，不容易忘记的。①

这段话出自作家、散文家、记者黄裳之手。开明书店之所以如此吸引"中学生"、"文学青年"，主要在于其进行了一次成功的尝试——《中学生》杂志的编辑发行。以此为开端，开明书店正式成为以青少年为服务对象的综合性书店。据开明人王知伊统计，在开明出版的书籍总目中，青少年读物占总数的四分之三左右。

《中学生》是一份综合类教育杂志，由开明书店在 1930 年 1 月出版发行。杂志以 13 岁到 20 岁青年为主要读者对象，深受中学生喜爱。杂志自创刊号到第 11 期，编辑队伍由夏丏尊、丰子恺、章锡琛、顾均正组成，其中夏丏尊担纲主编。第 12 期后叶圣陶加盟，并成为编辑的主干。《中学生》主要撰稿人包括茅盾、朱光潜、朱自清、刘薰宇、林语堂等一批教育界专家和文坛名流。从 1930 年到 1937 年，

---

①　黄裳：《关于开明的回忆》，载中国出版工作者协会编：《我与开明》，中国青年出版社 1985 年版，第 44—45 页。

每年出版 10 期，共出版 76 期，每期篇幅大约 10 万字。在《中学生》创办之初，1 月号和 7 月号专门出版两期特大号，页数是平时的两倍。1937 年 8 月，八一三事变爆发，日军疯狂轰炸上海，开明书店在战火中被摧毁，原定于 9 月出版第 77 期的《中学生》杂志被迫停刊。直到 1939 年 5 月，方在桂林复刊，以"战时半月刊"的形式呈现。1944 年由于战争形势的变化，《中学生》杂志又从桂林迁至重庆，抗战胜利后迁回上海。整体来讲，如果将该杂志划分成两个阶段的话，那么 1930 年到 1937 年，是《中学生》杂志发展平稳、日趋壮大的阶段。

需要特别注意的是，《中学生》杂志同《一般》杂志之间的关系十分紧密。从某种程度上来说，正如欧阳文彬所言，《一般》"这个刊物可说是《中学生》的前身，也可说是夏先生从办学校转向办刊物的转折点"[1]。

1929 年 12 月《一般》停刊，不到一个月，《中学生》创办，可以说在《一般》停刊前，同人就已经在谋划《中学生》杂志的出版事宜了。《中学生》沿用了《一般》的原有班底，而且从其办刊宗旨及出版内容来看，也沿袭了《一般》的许多成型的主张。

第一，在主创队伍的选择上，《中学生》在 1930—1937 年间由夏丏尊担任主编，章锡琛负责宣传发行，丰子恺负责装帧设计，这与《一般》的编辑队伍是一致的，沿用了"铁三角"的阵容。夏丏尊担任主编期间，《中学生》的办刊理念与办刊态度等自然会受他的影响。据叶圣陶回忆，夏丏尊对待稿件质量要求甚高，"每期都是自己拟定

---

[1] 欧阳文彬：《朗月照长风》，载夏弘宁主编：《夏丏尊纪念文集》，浙江省上虞市文学艺术界联合会 2001 年版，第 414 页。

了题目，特约相当的人写文稿，务使面面顾到，决不随便凑数。让杂志真成了杂志"。夏丏尊甚至每次都要亲自回复投稿者、修改投稿者的稿件。这种严谨认真的编辑作风，无疑与《一般》同出一辙。而且，《一般》讲求趣味，致力将学术、科学知识生活化普及化，《中学生》浅显通俗的风格也受到了这种编辑思路的启发。

第二，《中学生》的主要作者群也是《一般》留下的班底。不妨看看《中学生》创刊号的作者，他们主要来自三个圈子：一是章锡琛曾经工作的单位商务印书馆，二是立达学会，三是开明书店自己签约的作者。立达学会无疑是其中的核心力量。据开明编辑顾均正回忆，《中学生》杂志中尤以丰子恺、叶圣陶、夏丏尊写稿最为勤快。《中学生》创办之初，稿件主要采用约稿的方式获得，夏丏尊和章锡琛负责文科稿件，丰子恺负责艺术稿件，而《一般》同人中多数从事文学艺术创作，夏丏尊等从自己最为熟悉的立达会员中约稿是自然而然的。这样，《一般》的原有作者班底也就继续为《中学生》杂志写稿。

下面用表格统计的方式，来考察在《中学生》发表文章较多的作者：

姓名	文章篇数	姓名	文章篇数
傅彬然	157	慕松	37
息予	134	宋云彬	36
金仲华	106	杨承芳	36
叶圣陶	95	张沛霖	33
顾均正	85	陈原	33
秉仁	60	炎如	32
思玄	54	张铁生	31
小有	51	月祺	31
贾祖璋	49	徐盈	29
丰子恺	46	华君	28
夏丏尊	44	徐调孚	26
马文元	40	陶宏	26
茅盾	38	振之	25

　　略加考析，便可发现《中学生》刊物的主力作者傅彬然（祖籍浙江萧山）、顾均正（祖籍浙江嘉兴）、金仲华（祖籍浙江桐乡）、宋云彬（祖籍浙江海宁）、徐调孚（祖籍浙江平湖）、叶圣陶（祖籍江苏苏州）、夏丏尊（祖籍浙江绍兴）、丰子恺（祖籍浙江嘉兴）都任职于开明书店，且除了叶圣陶外，其余诸位皆是浙江人，可见杂志社同人彼此间的地缘、业缘关系颇为紧密。

　　第三，从读者定位及办刊宗旨来看，《中学生》与《一般》都是以受过中等教育的青年学生为读者对象。"无数青年学生失学失业"，"彷徨于纷叉的歧路，饥渴于寥廓的荒原"，[①]《中学生》正是因此而发起。作为中学生的课外辅助读物，《中学生》非常注重拓宽知识面，答疑解惑，供给多方趣味。夏丏尊认为，当时的中学都办的不得其法，"中等学校教育的课程，只是一种施行教育的材料"，但是学生在中学校中，"目的应是受教育，不应是受教材"。他强调，受教材并不等于受教育，受教育的范围宽广多了。"必须食而能化，举一反三，知识能力从而长进，思想情感从而发皇，才是真正的受教育"，但是一般的中学生并没有享受到这种教育。因而无论是编辑《一般》还是《中学生》，对于夏丏尊来说，都是在试图弥补这种缺憾。读者们的回应也恰恰印证了夏丏尊的初衷。孙源便认为，"照现在学制来说，一般少年大都在十八岁中学毕业，而我那个时代中学生临毕业时多半在二十岁，有的甚至超过二十岁。也就是说他们已成人，已进入青年时期。也就是说，他们已到了认识世界、探索人生的年龄。那时的中学生毕业后绝大多数上不了大学，而要进入社会谋出路，决定

---

　　① 丏尊：《〈中学生〉发刊辞》，《中学生》1930 年创刊号。

自己终生的事业。所以他们许多人迫切要求获得新的知识、新的思想、新的本领。开明书店大概是为此目的而创刊专以中学生为对象的《中学生》杂志。的确，《中学生》一开始就受到广大中学生的欢迎。记得我和同学沈振黄一听到《中学生》创刊的消息，就远道赶去四马路开明书店门市部各订了一份。其后我们还去开明编辑部拜望过几位编辑先生，受到叶圣陶、宋云彬等几位老先生的亲切接待。当时《中学生》的读者有不少像我们一样去拜望过他们，受到他们的鼓励和教诲。"①

　　基于以上三个方面，可以说，虽然《一般》杂志寿命不久，但它所传达的价值关怀，以及《一般》同人对中学生的关注，他们的教育理念和文学主张，都在开明书店创办的《中学生》和出版的诸多著作中得到了继承与延续。

二、何以成功

　　1930 年 1 月，在《中学生》杂志《发刊辞》中，身为刊物主编的夏丏尊满怀期望地写道：

　　　　中等教育为高等教育的预备，同时又为初等教育的延长，本身原已够复杂了。自学制改革以后，中学含义更广，于是遂愈增加复杂性。

---

① 　孙源：《我从这儿起步》，载中国出版工作者协会编：《我与开明》，中国青年出版社1985 年版，第 71—72 页。

合数十万年龄悬殊、趋向各异的男女青年于含混的"中学生"一名词下，而除学校本身以外，未闻有人从旁关心于其近况与前途，一任其彷徨于纷叉的歧路，饥渴于寥廓的荒原，这不可谓非国内的一件怪事和憾事了。

我们是有感于此而奋起的。愿借本志对全国数十万的中学生诸君，有所贡献。本志的使命是替中学生诸君补校课的不足，供给多方的趣味与知识，指导前途解答疑问且作便利的发表机关。

啼声新试，头角何如，今当诞生之辰，敢望大家乐于养护，给以祝福。①

在栏目设计上，《中学生》主要包含三部分内容，一是由编者执笔的"卷头言"，通过这一短论对读者的处世态度、学习态度、是非标准加以指导；二是中学各学科的辅导文章，以及对时事政治的述评；三是中学生来稿。夏丏尊主政时期，《中学生》的著名栏目如下：

1.《文章讲话》栏目，在1930年第1期到第3期连载的是叶圣陶的《写作杂话》，第9期刊载的是谢六逸译的《写作杂话》，1931年第11期开始连载尤墨君的《作文讲话》。

2. 1933年第31期开设《文心》栏目，每期两篇文章，给中学生读者提供阅读和写作的知识与技巧。

3. 1931年第22期的《文章病院》和1937年第71期的《文章修改》栏目，都是借助修改发表过的文章来指导中学生具体的写作技巧。

4.《文心》完结后，应中学生读者继续"读写的故事"的要求，

---

① 丏尊：《〈中学生〉发刊辞》，《中学生》1930年创刊号。

1935 年第 57 期又开设了夏丏尊和叶圣陶合写的《文章偶话》栏目。

5. 1936 年第 61 期的《阅读和写作》，内容来自中国国语课教育播音讲稿，主要讲述如何阅读、如何写作。

除以上栏目外，还有很多征文栏目和"文艺竞赛"活动，目的是通过多样化的方式阐述编者的写作理念，指导学生的写作。

开明同人都有着丰富的中学教育经验，加之对杂志全情投入，竭力约请名家提供好稿子，因此，《中学生》问世不久，即深受全国学子欢迎。南京政府教育部曾批令嘉奖，称其为"内容丰富，且适合中学生程度之刊物"，"并准于选编第二辑中学阅读参考图书目录时列入，销行之广，为全国杂志之冠"。曾经的小读者陈原撰文如此评价《中学生》：

> 有的人说，《中学生》是一种平淡无奇的杂志。是的，你想从这里找寻刺激，而你尽会失望。不消说，这里边一定没有"眼睛吃冰激凌"之类的东西，甚至连慷慨激昂的政治号召性的文字也不常有的。然而平淡不等于衰萎。《中学生》对于一般青年读者，也恰如对于中学生似的，它可能成为每一个人的恳切而善良的教师、朋友和同志。当你不知不觉的从它那里学会了呼吸正义、诅咒黑暗的时候，才会惊骇于一种平淡的刊物竟也会在人的心中唤起一种力量来。[1]

那《中学生》为何能取得这样的成功呢？

---

[1] 陈原：《我与开明书店》，载中国出版工作者协会编：《我与开明》，中国青年出版社 1985 年版，第 5—6 页。

首先，夏丏尊等人把握合理的市场定位、锁定明确的读者群体，为《中学生》找准了生存之基和发展之本。《中学生》曾在其刊发的《全国教育界钧鉴》中宣称，"本志之创原以改进学风，辅益教育为职志"，还在《征稿规约》申言，"文字性质不拘，以适于中学生阅读者为主"，这两句话点明了创办《中学生》的起因以及它的特点。作为综合性的教学刊物，《中学生》是与中学生的现实需求互为依存的。

再者，《中学生》的编辑、作者阵营堪称强大，名家荟萃，共献才智。从创刊号至第 11 期署名的编辑名单已十分令人艳羡，包括丰子恺、夏丏尊、章锡琛、顾均正，可谓老板员工齐上阵。第 12 期《编辑后记》里则写道："我们为欲使本志更完善起见，已拉得叶绍钧先生加入为编辑本志的主干"。精干、负责、稳定的编辑人员，丰富、有深度、高质量的稿件来源，成为办好《中学生》的重要基石。除编者亲自操刀的作品外，常见的固定作者有茅盾、巴金、朱自清、林语堂、胡愈之、郑振铎、周建人、陈望道、刘薰宇、贾祖璋等，几乎全是彼时文坛著名的作家、学者。由这样的编写者组成"中学生的课外导师"团队，可谓近乎奢侈了。并且夏丏尊等向名家约稿，并不是为了装点门面，而是真真正正希望作者能站在中学生的角度，为他们提供语文写作乃至为人处世的具有针对性的指导文字。比如 1931 年 2 月《中学生》第 12 期发表舒新城的《考试与文凭——致中学生的一封公开信》，开篇称"中学生诸君"，末尾署"你们不相识的朋友舒新城"，文章里特意提到：

> 最近夏丏尊先生向我索《中学生》未发刊前的文债，且指定这个题目，要我谈话，我只得从忙碌之中抽点时间来写这篇。

《编辑后记》里夏丏尊接续舒新城之观点，表明约稿初衷：

> 数月以来，考试与文凭，成了一般关心教育的人士的话题了。大学生照例有堂皇的文凭可得，小学毕业就去向别途谋生的也不必重视文凭，故文凭与考试的问题，结果就落在中学生身上。升学无钱，自修所得的知识，因为没有文凭的缘故，又不能邀社会及上级学校的承认。这种不平的苦痛，受到的只有一般的中学生。读者诸君对于这严重的自身问题，将怎样应付呢？本期中的舒新城先生那篇文字，是值得叫大家仔细一读的。我们很望有人继续地把这问题加以讨论。

由此可知，《中学生》杂志的编者向专家名人约稿，是为了满足广大中学生的实际需要。每一期的《编辑后记》均作导读、点津，于表达感激之意的同时，又发出了"大家乐于养护"的恳望。如此循环往复的渲染推广，作者不仅自明而且明人，甘当起了宣扬杂志使命的志愿者。

第三，《中学生》凭借其教学交流信息量大，便于教师与学生、编辑与作者、作者与读者之间互助合作，成为多方受益的教育平台。《中学生》刊登的文章涉及语数外等多门学科，如卢冀野的《诗及诗趣》、郢生（叶圣陶）的《作你自己要作的题目》、刘薰宇的《从数学说到思想》、林语堂的《英文语音辨微》等，还有如丰子恺的《美术讲话》之类，几乎每篇文章都有一个中心，又构成一个系列。一篇文章即一节课，一组文章即一个连贯的学程，一部《中学生》杂志就构成了一所学科门类齐全的补习学校。据子冈回忆，《中学生》一度成为年轻学子中志趣相投者以文会友的媒介。当时《中学生》办过几次读者会,"真的有很多人成了朋友。我们这个小圈子,就有二十人以上,后来或升大学,或就职业,先通信而后会面,就像是同在地下埋着的种子,起初彼此不相会面,一旦苗芽儿钻出土来,才讶然地指手画脚说道:'就是你呀!'然而似乎谁都不曾对谁失望。在二十岁以下的人,心地是那么真纯,受了相似读物的熏陶,尚少涉猎世事,所爱所恶,所乐所怒,总不会相去过远。即使有新朋友会面,只要说起来也是当年《中学生》杂志的好朋友,便彼此有了坚实的信托。"①

精诚所至,金石为开,随着杂志办得趋于深入,《中学生》赢得了更多学生以及中学教师的认可。夏丏尊等人趁热打铁,将广大的教师群体纳入作者储备库中。1931年12月第20期上,《中学生》发表了《致中学教师书》,表达了诚挚的期望:

> 这个杂志的作稿者除中学生诸君外,其他一半应该是中学教师,于是登了公告全国教育界的启事。……但是,据两年来的经验看,我们感得寂寞了。两年来的作稿者固然有好几位是现任的中学教师,然而都是我们所熟识的,就近请求得到的,至于此外的教师,惠寄稿件或者给我们写一封信的,竟是绝对的稀少。
>
> 教科的繁多,校务的纷忙,职位的不安定,生活的没有保障,这些都足使诸位先生心神不宁定,引不起讨论什么谈说什么的兴致。然而决不是不能讨论,无可谈说,譬如钱财,只是储藏在箱子里,忘记取出来使用罢了——一切实际的经验,无论成

---

① 子冈:《怀念振黄》,载中国出版工作者协会编:《我与开明》,中国青年出版社1985年版,第140页。

功的，失败的，可慰的，堪叹的，都是诸位先生的储藏呢。现在我们只想请诸位先生取出丰富的储藏，给与一般中学生，我们的读者，想来不是非分的要求吧。①

这是篇迥异于日常格式的征稿启事，不是用版面的诱惑来引导中学教师依照刊物要求投稿，而是情辞恳切地再三请求合作，求贤求智。此文一出，一大批有经验有思考的在职中学教师，汇入为中学生写稿的洪流中来。《中学生》既壮大了作者队伍，又拓展了影响力。

此外，杂志若想做大做强，就不能把心思全放在销量、盈利上面，而是要拿出最端正的服务态度，为读者提供更好的服务。夏丏尊带领《中学生》编辑同人，从策划、收稿、编校到发行、宣传，全过程始终小心翼翼，从严要求，唯恐对不起读者与作者。创刊号《编辑后记》写道："这是本志与读者见面的第一次。在质上，在量上，都自以为可以不惭形秽，像个样子"。1930 年第 11 期《一九三一年的中学生》预告中说："本志材料的丰富，内容的充实，趣味的浓厚，印刷的精美，已蒙读者同声赞许，无待赘述"，"至于定价的低廉，尤为稀见"，聊感欣慰；订阅全年者，赠送当年《中学生文艺》一册，"此书所选，均系全国优秀学生的文艺作品，包含议论小品书翰小说诗歌各种文体，凡二十余万言，精装三百余页，定价大洋八角，实为无上优厚的赠品"。在《编辑后记》中则告知："新年特大号的排校，好容易完毕了。由分量上看，由内容上看，都自以为总算可以过得去。比之去年，更适切于中学生诸君。新年在迩，我们默祷读者诸君的学力

---

① 《致中学教师书》，《中学生》1931 年第 20 期。

随时俱进，同时也期待着本志的进展。愿大家努力！"

夏丏尊与其同人的一片赤诚，于此再明显不过。

三、润物无声

作为民国时期非常具有代表性的刊物，《中学生》在形式与内容上都独具特色，其中，最突出的特点在于以最符合中学生这个青少年群体的思路和方式去传播教育内容，潜移默化，润物无声。

《中学生》文字平实亲切，与广大中学生平等交流，符合青少年的阅读心理与审美鉴赏能力。"《中学生》以完全不同于学校里那些枯燥乏味、陈腔滥调的课本、讲义的面貌，展现在读者的面前，向他们提供了许多新知识、新事物和新道理，大大开拓了青年人的眼界。这情景好比给原来封闭很严密的死气沉沉的课堂打开了一扇窗口，让外面世界纷纭活跃的景象和灿烂的阳光投射到课堂里来了。因此，它很快就吸引了广大中学生读者的喜爱。每出一期，大家都争相阅读。"①

在《中学生》创刊号上，夏丏尊在创刊词中亲切称呼读者为"中学生诸君"，使中学生读者能够感到与编者距离很近，没有隔阂。

> 诸君都是十三岁以上二十岁以下的志气旺盛的青年。诸君对于前途，所怀抱的希望不消说是很多的吧……
>
> ……诸君的村里中，富起来的人家多呢还是穷下去的人家

---

① 覃必陶：《"受教材不等于受教育"》，载中国出版工作者协会编：《我与开明》，中国青年出版社 1985 年版，第 216 页。

多？诸君自己的家况，只要没有什么着香槟票头彩之类的事，还是一年好一年呢还是一年不如一年？诸君求学的用费，今年比之去年如何？

……若就大体说，诸君还是未成年者，在成年以前，最好能受教育，把青年生活好好地正则地度过去。诸君能在中学为中学生是应感谢的幸福，不是可诅咒的恶事。有书可读且读，但读书的态度却须大大地更改。

……

新年之始，老乌鸦似地向诸君唠唠叨叨说了这一大串杀风景的话，抱歉之至！最后当作道歉，让我再来真诚地向诸君祝福吧：

中学生诸君，新年恭喜！①

以这样的表达方式来与读者对话，既是长者风范的谆谆教诲，又给予中学生充分的尊重，让人听了倍感亲切。这样的作品不居高临下，不装腔作势，而是循循善诱、潜移默化地感染学生，教会他们为人的道理和为学的方法。

《中学生》中，开明同人的文章尤其是散文、随笔，常常取材于生活，从日常事物写起。虽然这些作者都是专家学者，但从未在文章中高谈阔论，以前辈或高人自居。他们善于大处着眼，小处着笔，让读者获取有实际益处的思想食粮。作者描写与刻画生活中普通的人、事、物，看似平常，却别有深意，对彷徨于非常时期的青年，颇有拨云见日的效果。《中学生》1931 年第 11 期推出《出了中学校以后》栏目，

---

① 　夏丏尊：《"你须知道自己"》，《夏丏尊文集》（平屋之辑），浙江人民出版社 1983 年版，第 273—275 页。

刊登的文章有丰子恺的《我的苦学经验》、朱文叔的《我的自学经验》、赵景深的《出了中学校以后》、胡仲持的《从邮务生而新闻记者》、叶圣陶的《过去随谈》、章锡琛的《从商人到商人》、止敬的《我的中学时代及其后》、汪静之的《出了中学校》。作者们从自己的人生经验出发，重现那些动人的往事和真挚的情感，给刚出中学校的毕业生提供经验、启发与鼓励。看似普通的文章内容，却蕴含着如何选择人生道路的哲理。第16期推出《我的中学时代》栏目，章克标、尤墨君、夏丏尊、胡愈之四位作者以亲切、轻松、诙谐的笔触回忆起自己的中学时代。他们写那些真实、平凡的故事，不仅仅是追忆似水年华，真正要表达的是对中学生生活、学习的思考，从而给在校生以启迪。1936年第61期《研究和体验特辑》，16位撰稿人写下了与各自专业的情缘，把专业学习的体验以亲和的方式展现出来，给读者以参考。

作为曾经或一直奋斗在教育一线的教师，《中学生》同人还经常描绘熟悉的教师生活，如第42期从宜的《校长》、晞如的《在倦怠中》、巴淑的《考试前夕》、徐懋庸的《可为而不可为》、夏丏尊的《紧张气氛的回忆》等。写景也与生活密切相关。如写冬天，有第40期佩弦（朱自清）的《冬天》、俞平伯的《进城》、夏丏尊的《白马湖之冬》、仲华的《西风》；写春天，有第44期夏丏尊的《春的欢悦与感伤》、徐懋庸的《两种春天》、所北的《春的旅人》、华君的《都市之春》、丰子恺的《春》，等等。他们谈中学生、谈学习，写风景、写境遇、写时代，都从日常生活层面着手，平易近人，饱含情感，是中学生读者所乐见并要追求的"求真"、"求实"的用心之作。

《中学生》杂志编辑中不少人既是"白马湖派"作家，又在立达学园从事教育工作，秉承着教育当"立人达人"的理念。虽然他们较多地写一些凡人琐事，看似庸常，但是文章所表达的思想、情感却很丰富，多是与时代、社会相通的理性思考。例如创刊号上夏丏尊撰写的《谈吃》，以人们最离不开的"吃"谈起，道尽国人吃的闲趣，但真实意蕴却是借助"吃"的视角，来反映人与人的不平等、社会的"苦"态与病态，批判传统陋习，表达对人生世相的思考。在第8期《悼一个自杀的中学生》一文中，夏丏尊为遭遇不公的中学生鸣不平，为地位低下的知识分子抱不公。第40期《白马湖之冬》，这篇散文动人之处不仅在于景色，而且在于作者的审美态度。在天寒地冻的环境下，居住在简陋的平屋中，表达的是山水诗趣，普通的景色展现出广阔的情怀。内容从小处着笔，在行文中表达情感，从笔下的有形之物升华到心中无形的思想主题。这种以小见大的文章是真正有意义的写作。

开明同人努力倡导白话文写作，同时又非常注意对语言进行提炼，力求文章的情和意达到一定的高度。叶圣陶曾指出：语体文要写得纯粹，凡是上口的、语言中间通行这样说的语句，都可写作语体文，都不至于破坏语体文的纯粹。不仅是来自生活的白话，只要是日常用语，甚或是方言俗语，能上口说出来的都能写进文章。《中学生》文字准确、生动、平实，所选文章既符合青少年的阅读习惯，又符合那个时代的特征。编者对语言的选择，对词句的斟酌，对意蕴的追求，潜移默化地影响了中学生读者。《中学生》上刊登的读者习作，不管是散文、诗歌还是日记、随笔，都体现了清新直白、纯粹干净、风趣幽默的语言特点。这一方面是因为受到与时代接轨的语言环境的影响，另一方面也是因为得到了杂志编者们的熏陶引导。

《中学生》杂志中的文章，文体多元，有小说、童话、散文、杂文、科学小品、游记、诗歌、人物传记、书信、谈话录、讨论、讲演录、通讯、戏剧等，力求满足中学生们对不同文体的学习需求，有利于他们在写作上追求多样化的审美呈现。

对于中学生来说，最有趣的作品莫过于故事，《中学生》杂志经常刊载这类作品。如叶圣陶的童话《古代英雄的石像》、外国童话故事《公道》等。杂志从第 1 期就开始连载顾均正翻译的英国作家史蒂文生的长篇小说《宝岛》，一直连载到 1930 年第 10 期。随笔也是中学生爱看的一种文体。1933 年第 37 期开设《随笔》栏目，专门描写"月"，有丰子恺的《月的大小》、郢生的《看月》、顾均正的《神话的月与科学的月》和夏丏尊的《原始的媒妁》。杂文和科学小品是《中学生》杂志的亮点。从第 13 期开始，叶圣陶成为杂志主编，从 1931 年到 1937 年，他发表在《卷头言》栏目的杂感类文章有 60 篇。同时，从第 13 期到第 77 期所有的《编辑后记》都出自他的手笔。杂文成为叶圣陶 30 年代在《中学生》杂志的主要写作文体。这些文章从生活出发，和中学生谈现实、谈学习、谈思想、谈学术，文章内容与中学生关心的问题息息相关，帮助他们树立正确的人生观和道德观。

这种多元的文体和学科内容，让学子们获益匪浅。

陈原回忆道："《中学生》给我的是什么？是知识。可不仅是知识，它以自己默默的认真的传播知识、鼓励进步的那种朴实无华的态度，给我启示，要做一个甘心默默无闻地、认真读书认真工作的人"，"我爱语言，我爱文学，我爱历史，我爱地理；我特喜欢数学，我为理化的天地迷了心窍；同时我喜欢音乐——我学唱，我弹琴，我甚至学着'作曲'！我对美术入了迷，以至于我在初中三时每个星期天都泡在野外写生里。所有这一切，《中学生》都能够启发我，在一定程度上满足我，而且往往诱导我朝着健康的路前进"。①

胡绳也有同样的感受。据他回忆，当他还是初三学生的时候，正赶上《中学生》创刊，这本杂志给他的印象很深。"它创刊时，我就是它的读者。五十多年前它的创刊号封面，我还记得。我很早就在《中学生》上投稿。那时《中学生》上有《读者之页》的栏目，我在那个栏目里投过稿……"，"《中学生》是我的老师。我从《中学生》上学到了不少东西。有文化的知识，又有生活的知识。最近有位老同志写了一首诗给我，其中有两句'再难法国公园夜，织女牛郎共举杯'。他注释说：一九三六年，在上海法租界的一个公园里，我和他一同看天上的星座，我教他认识了牛郎星和织女星。我认识这两个星，就是在初中时候从《中学生》上学来的。那时《中学生》上每期有一篇教人认识星象的文章，记不起是哪位作者写的了。我和几个同学按这些文章的指点，认识了大熊星座、小熊星座、牛郎、织女等等"。②

后来任教于山西大学的田世英则从自己读书的经历，回忆了《中学生》杂志对其个人发展的影响。1932 年暑假，国文教师胡哲敷为田世英班级布置了一道作业题，让学生们精读《中学生》第 22 期刊出的《文章病院第一、二、三号病患者》，写出心得，并对照自己本学期的作文，逐篇加以"诊断"，看看有哪些毛病。同学们看了这道题都觉得好笑，田世英的父亲也感到奇怪："怎么文章的毛病也能进医院治疗？"但当他看完这组文章后，不禁大为赞扬：这组文章分析

---

① 陈原：《我与开明书店》，载中国出版工作者协会编：《我与开明》，中国青年出版社 1985 年版，第 5 页。

② 胡绳：《我和〈中学生〉》，载中国出版工作者协会编：《我与开明》，中国青年出版社 1985 年版，第 42 页。

得清楚，诊断得好。开设"文章病院"大有必要，不仅学生的文章要诊断，连那些校长、秘书大人的文章也得诊断，不然，文理不通，会误大事的。从此之后，父亲为田世英专门订阅了《中学生》，一直到他高中毕业。还买了工具书《开明文学辞典》，课外读物《开明国文讲义》、《文心》、《国文百八课》、《中学生文艺》等。在严父的督促下，田世英熟读了开明出版的这些书籍，下了一番功夫，尤其是《中学生》杂志，每期都是从头看到尾。熟能生巧，时间长了，他逐渐学到了一些写文章的方法和技巧。这些书刊开阔了田世英的写作视野，培养了他的写作兴趣，增强了他发表文章的信心。①

1931 年《中学生》第 11 期中，夏丏尊在《关于国文的学习》一文里讲述了习作者为文应该有的态度：

> ……诸君当执笔为文的时候，第一，不要忘记有读者，第二，须努力以求适合读者的心情，要使读者在你的文字中得到兴趣或快悦，不要使读者得着厌倦。

夏丏尊认为，在以读者为对象的写作中，作者要考虑的是：

（1）读者的性质；（2）作者与读者的关系；（3）写作这文的动机等等。对本地人应该用本地话来说，对父兄应自处子弟的地位。文字的好与坏，第一步虽当注意于造句用词，求其明了；第二步还须进而求全体的适当。对人适当，对时适当，对地适当，对目的适当。一不适当，就有毛病。

---

① 参见田世英：《饮水思源忆开明》，载中国出版工作者协会编：《我与开明》，中国青年出版社 1985 年版，第 73—74 页。

这里的"明了"、"适当"就是针对读者而言。《中学生》同人之所以重视以白话文写作，因为他们面对的是朝气蓬勃的青年学生，必须倡导与时代接轨的语言；之所以以中学生的学习、生活、出路等问题为文章的切入点，因为他们是为读者的需要而写作，必须关注中学生的实际问题；大量的科学小品文写作，因为这些科普知识能弥补学生课内学习的不足，而且能帮助学生储备写作素材。这些都是坚持读者至上的为文表现，是《中学生》重要的写作宗旨。

夏丏尊还对为文进行了进一步说明，即他时常引荐的日本文章学家五十岚氏的"六W说"：

（1）为什么作这文？（Why）

（2）在这文中所要述的是什么？（What）

（3）谁在作这文？（Who）

（4）在什么地方作这文？（Where）

（5）在什么时候作这文？（When）

（6）怎样做这文？（How）

归结起来说，就是"谁对了谁，为了什么，在什么地方，什么时候，用了什么方法，讲什么话"。①

《文心》中有一篇《知与情意》，可看作对上述理论的解释。乐华、大文等五位同学要为《抗日周刊》写评论文章，他们不知道抗日主题的文章该怎么作，直接向王先生请教，其中有这么几段对话：

---

① 夏丏尊：《关于国文的学习》，《中学生》1931 年第 11 期。

王先生问："你们在《抗日周刊》的文字，预备给什么人看？"

"周刊是宣传品，无论什么人的手里都会传到，我们的文章是预备给大众看的，要叫大众起来抗日。"汤慧修回答得很直接。

"对，是预备给大众看的，要叫大众起来抗日。如果你们是军事专家，却有军事上的计划，你们将告诉大众以军事上抗日的方法吧。如果你们有外交的知识，你们将告诉大众以外交上抗日的策略吧。现在你们是中学生，你们教大众抗日，究竟有什么具体可行的方法没有？教大众怎样去抗日？"

……

"文字是心的表现，也可以有三种分别，就是知的文，情的文与意的文。关于抗日事件，外交上、军事上的具体办法，抵制日货的切实方案，这是知的方面的事，我们在这些方面当然不很有明确的知识。这类文字只好让专门家去执笔。我们对于东北事变，知的方面虽还缺乏，但情与意的方面是并不让人的。从情与意的方面来说，我们的文字是宣传品，是给大众看的。我们该以热烈的感情激动大众，以坚强的意志鼓励大众，叫大众也起来和我们一起抗日。"①

其实这几段话，是和"六Ｗ说"相对应的，向中学生解释了应当如何写出一篇好作文。第一点，作该篇文章的目的，是为了激发读者的爱国情怀，让读者认识到国内局势，投身抗日活动；第二点，这篇文章所要表达的东西，王先生建议学生讲述情与意；第三点，明确作

---

① 夏丏尊：《文心》，《夏丏尊文集》（文心之辑），浙江文艺出版社1983年版，第206—207页。

者的地位，这篇文章是由中学生写的，中学生应以怎样的态度向读者传达抗日理念呢？要定好自己的位置再去执笔，从自己能说的和会说的去和读者对话；第四点，写作的场合，既然是给《抗日周刊》撰文，就应该对读者说抗日的话；第五点，写作的时间，处于抗日战争这一时代环境中，所写内容应该符合时宜；第六点，怎样完成文章，正如王先生所建议的，写不了"知"的文章，就写赋予情意的文章。《中学生》同人是用自己的实际创作和相应栏目，教育写作者建立与读者的亲密关系，笔下有文字，心中有读者。

1932 年 1 月第 21 期，徐激厉在《"中学生"和中学生：站在中学生立场的批判》一文里引述了《读书月刊》记者贺玉波采访夏丏尊的一段话：

> "《中学生》的销路还好吗？"
>
> "不坏，销一万八千份！"
>
> "能够赚钱吗？"
>
> "办杂志那能赚钱？《中学生》印刷纸张成本要一角三分，外加发行邮费刚刚等于定价一角五分。编辑费和稿费完全要亏本。所以《中学生》多销一份，书店方面多损失一份杂志的本钱！"
>
> "不过《中学生》所给与全国中学生的益处实在不浅，较其他同类杂志要优胜多了，这也是好处，虽然书店的损失巨大。"
>
> "就是为了这点缘故，无论怎样，《中学生》不得不办下去！"

正是这种读者需求至上、求真求实的态度，使得《中学生》杂志在民国出版界独领风骚，夏丏尊也凭借此刊物为其出版家的身份加重了砝码。

夏丏尊于《寄意》一文中曾自我描述道："我是《中学生》创办人之一，从创刊号至七十六期止，始终主持着编辑等社务。所以在我，本志好比一个亲自生育、亲手养大的儿女。"① 比照 1930 年第 3 期他在《编辑后记》提到的《中学生》杂志是"才呱呱坠地的小孩……我们既然感谢诸位家人亲友们对于这小孩的厚爱，同时便愈感到自己任着保姆的责任的重大，不得不对于这为家人亲友们宠爱的孩子，日夜尽心尽力地求不负养护的重寄"，不难看出，从"保姆"与"小孩"，到"家长"和"儿女"，可谓岁月愈久，情意愈长。

《中学生》的诞生、培育、成长，夏丏尊尽心尽力，贡献极大。他始终以办教育的心态从事这份杂志的编辑工作。

《中学生》创刊号发表《"你须知道自己"》等文章后，《新思潮》月刊和《萌芽》月刊分别发表了马训政的《评〈中学生〉》和连柱的《夏丏尊的处世与教育》，把原本"乃是想叫诸君张开了眼，认识眼前的事实，更由这认识发出勇敢的新的努力"这样不无积极、诚恳的指点，看成是甘当奴隶的"逆来顺受"，号召爱护青年的人起来反对夏丏尊"处世和教人的态度"。面对偏激的批评，夏丏尊不予回击，不改初衷，以一系列栏目和文章让读者们认识到了他的良苦用心。《中学生》第 6 期推出《中国现在中学生的出路》栏目，除发表学生习作 7 篇外，还发表了林语堂《读书阶级的吃饭问题》、倪文宙《中学生将何在》、郁达夫《中学生向那里走》、郢生《假如我有一个弟弟》。第 11 期推出"预备已久了的一种新年礼物"——《出了中学校以后》栏目，刊

---

① 夏丏尊：《寄意》，《夏丏尊文集》（平屋之辑），浙江人民出版社 1983 年版，第 268 页。

登了丰子恺、胡仲持、叶圣陶等 8 位名人的文章，以这些"跑出中学的校门以后独学奋斗到现在的人"来做"他山之石"，给学生们以启发。叶圣陶在文中写道："《中学生》主干曾嘱我说一些自己修习的经历，如如何读书之类。"章锡琛在文中回忆道："夏先生要叫大家做这篇文章的本意，无非要使读者知道虽是中学生，只要自己肯立志向上，也不见得定会无路可走。"第 21 期向名家发起号召："假如先生面前站着一个中学生，处此内忧外患交迫的非常时代，将对他讲怎样的话，作努力的方针？"鲁迅、陈望道、巴金、茅盾、胡愈之、沈从文、金仲华等纷纷响应，致言《贡献给今日的青年》。如果说，春晖中学旁的素朴"平屋"是同志集合、谈文论教之所在，那么，开明书店"以夏丏尊师为中心的通讯处"所构成的《中学生》杂志，就形成了更为强大的"文化命运共同体"。

叶圣陶指出，夏丏尊编《中学生》，是为了办"一点真正的教育"，弥补"一般中学没有给学生享受这种福利"的缺憾，《中学生》杂志的"作风是夏先生开创的"，尽管他后来不任主编而任社长，"作风可没有改变"，而且"凭本志给学生界一些帮助，永远不改变"。

四、情真意切

从《中学生》中时时能看到夏丏尊辛勤劳作的身影。他明使命、定主题，写《发刊辞》、《卷头言》；他答疑问，如第 36 期《关于后置介词"之"的》，也添补白，如第 3 期《美国人的理财法一斑》、《中国之未来军人》；他既拟题请作者撰稿，也接受编者的命题作文，如发表在创刊号的《谈吃》一文，开头即说"《中学生》杂志的编辑者要我写些关于新年的文字"……几乎所有的专栏都能读到他的文字。据笔者统计，夏丏尊前后一共在《中学生》发表文章67篇（见下表），这是刊登他作品最多的一份刊物。

序号	期号	刊发时间	篇名	署名
1	创刊号	1930 年	《中学生》发刊辞	丏尊
2	创刊号	1930 年	《"你须知道自己"》	丏尊
3	创刊号	1930 年	《谈吃》	默之
4	第 4 期	1930 年	《受教育与受教材》	丏尊
5	第 6 期	1930 年	《列宁与未来主义》	默之
6	第 8 期	1930 年	《悼一个自杀的中学生》	丏尊
7	第 11 期	1931 年	《关于国文的学习》	丏尊
8	第 12 期	1931 年	《科学零拾：动物界的无线电》	默之
9	第 15 期	1931 年	《致文学青年》	丏尊
10	第 16 期	1931 年	《我的中学生时代》	丏尊
11	第 16 期	1931 年	《关于职业》	默之
12	第 17 期	1931 年	《怎样对付教训》	丏尊
13	第 19 期	1931 年	《悼爱迪生》	默之
14	第 21 期	1932 年	《满洲事变与各国对华政策》	默之
15	第 25 期	1932 年	《革命者的青年时代：甘地》	默之
16	第 26 期	1932 年	《人所能忍受的温度》	默之
17	第 27 期	1932 年	《歌德的少年时代：抄译歌德自叙传诗与真实第一部：附图》	默之
18	第 29 期	1932 年	《国文科课外应读些什么》	夏丏尊
19	第 31 期	1932 年	《电子的话》	默之
20	第 31 期	1932 年	《文心（读写的故事）》	夏丏尊
21	第 32 期	1933 年	《文心》	夏丏尊
22	第 33 期	1933 年	《文心（读写的故事）》	夏丏尊
23	第 34 期	1933 年	《文心（读写的故事）》	夏丏尊
24	第 35 期	1933 年	《文心（读写的故事）》	夏丏尊
25	第 36 期	1933 年	《文心（读写的故事）》	夏丏尊

续表

序号	期号	刊发时间	篇名	署名
26	第 37 期	1933 年	《文心（读写的故事）》	夏丏尊
27	第 37 期	1933 年	《原始的媒妁》	丏尊
28	第 38 期	1933 年	《蟋蟀之话》	默之
29	第 38 期	1933 年	《光复杂忆》	丏尊
30	第 38 期	1933 年	《文心（读写的故事）》	夏丏尊
31	第 39 期	1933 年	《文心（读写的故事）》	夏丏尊
32	第 39 期	1933 年	《我之于书》	丏尊
33	第 40 期	1933 年	《关于银》	默之
34	第 40 期	1933 年	《文心（读写的故事）》	夏丏尊
35	第 40 期	1933 年	《白马湖之冬》	丏尊
36	第 41 期	1934 年	《卷头言：恭祝快乐》	默之
37	第 41 期	1934 年	《文心（读写的故事）》	夏丏尊
38	第 42 期	1934 年	《文心（读写的故事）》	夏丏尊
39	第 42 期	1934 年	《紧张气氛的回忆》	丏尊
40	第 43 期	1934 年	《文心（读写的故事）》	夏丏尊
41	第 43 期	1934 年	《一个从四川来的青年》	丏尊
42	第 44 期	1934 年	《春的欢悦与感伤》	丏尊
43	第 44 期	1934 年	《春日化学谈》	默之
44	第 44 期	1934 年	《文心（读写的故事）》	夏丏尊
45	第 45 期	1934 年	《文心（读写的故事）》	夏丏尊
46	第 46 期	1934 年	《文心（读写的故事）》	夏丏尊
47	第 46 期	1934 年	《国文科的学力检验》	丏尊
48	第 47 期	1934 年	《一个追忆》	丏尊
49	第 48 期	1934 年	《良乡栗子——主客谈话的一节》	丏尊
50	第 49 期	1934 年	《中年人的寂寞》	丏尊
51	第 50 期	1934 年	《两个家》	丏尊
52	第 52 期	1935 年	《钢铁假山》	丏尊
53	第 53 期	1935 年	《试炼》	丏尊
54	第 55 期	1935 年	《读诗偶感》	丏尊
55	第 56 期	1935 年	《坪内逍遥》	丏尊
56	第 58 期	1935 年	《早老者的忏悔》	丏尊

续表

序号	期号	刊发时间	篇名	署名
57	第 60 期	1935 年	《整理好了的箱子》	丏尊
58	第 61 期	1936 年	《怎样阅读（二十四年十二月十二日在中央广播电台讲）》	丏尊
59	第 61 期	1936 年	《阅读什么（二十四年十二月十日在中央广播电台讲）》	丏尊
60	第 62 期	1936 年	《文章的省略：文章偶谈》	夏丏尊
61	第 65 期	1936 年	《句子的安排：文章偶话》	夏丏尊
62	第 68 期	1936 年	《学习国文的着眼点（二十五年九月二十四、二十六两日教育部中等学校播音讲演稿）》	夏丏尊
63	第 71 期	1937 年	《"自学"和"自己教育"》	夏丏尊
64	第 72 期	1937 年	《文章的静境》	夏丏尊
65	第 75 期	1937 年	《文章的动态》	夏丏尊
66	复刊后第 87 期	1943 年	《读〈缘缘堂随笔〉》	（日）谷崎润一郎著，夏丏尊译
67	总数第 171 期	1946 年	《寄意》	夏丏尊

通过上表，可知夏丏尊在主持《中学生》期间，其个人关注重心在于国文教育、文章写作、科学普及。他把二十余年的国文教育经验与编辑出版工作相结合，以这份杂志为桥梁，情真意切地向中学生们传输为人、为学的理念。

就文学究系职业、理想抑或爱好，在回复一位有志于将文学创作当作谋生手段的青年的信中，夏丏尊坦率地指出，"爱好文学，有志写作，不升大学，我都觉得没有什么不可，唯对于你的想靠文学生活的方针，却大大地不以为然"，毕竟"按之实际，这样职业者极少极少，且最初都别有职业，生活资料都靠职业维持，文学生活只是副业之一而已。这种人一壁从事职业，或在学校教书，或入书店报馆为编辑人，一壁则钻研文学，翻译或写作。他们时常发表，等到在文学方面因了稿费或版税可以维持生活了，这才辞去职业，来专门从事文学。举例说吧，鲁迅氏最初教书，后来一壁教书一壁在教育部做事，数年前才脱去其他职务。他的创作大半在教书与做事时成就的。周作人氏至今还在教书。再说外国，俄国高尔基经过各种劳苦的生涯，他做过制图所的徒弟，做过船上的仆欧，做过肩贩者，挑夫。柴霍甫做过多年的医生，易卜生做过七年的药铺伙计，威尔斯以前是新闻记者。从青年就以文学家自命，想挂起卖字招牌来维持生活的人，文学史中差不多找不出一个"。退一步说，"卖文是一种'商行为'，在这行为之下，文字就成了一种商品，文字既是商品，当然也有牌子新老、货色优劣之别，有市面景气与不景气之分。并且，文学的商品与别的商品性质又有不同，文字的成色原也有相当测度的标准，可是究不若其他商品的正确。文字的销路的好坏，多少还要看合否世人的口胃。如果有人和你订约，叫你写什么种类的东西，或翻译什么书，那是所谓定货，且不去管他。至于你自己写成的东西，小说也好，诗也好，剧本也好，并非就能换得生活资料的。想依此为活，实在是靠不住的事。"所以，夏丏尊奉劝抱着凭借文学创作谋生进而飞黄腾达想法的青年人们，"要把文学当作终身的事业，切勿轻率地以文学为终身的职业"。①

　　也正是基于这一观念，夏丏尊认为，"中学原只是普通教育，其中的学科都是些人类文化的大略的纲目，换言之，只是一个常识，在综合地养成身心的能力上看来，不消说是好材料。次之，在有升

_____

　　① 丏尊：《致文学青年》，《中学生》1931 年第 15 期。

学希望的人，当作预备知识也自有其意义。至于要想单独地拿了一种去换职业，究竟是毫无把握的。将来情形变更也许不能这样断言，至少在现制度是如此"。经过比较，他建议广大中学生在校期间，更应侧重"例如健康力，想象力，判断力，记忆力，思考力，忍耐力，鉴赏力，道德力，读书力，发表力，社交力等"方面素质的培养。①

在文章写作领域，除却《文章作法》、《文艺论 ABC》、《文心》、《文章讲话》四部专门性著作外，夏丏尊还有一些文章或演讲涉及该问题。比如就通常意义上的国文学习，他认为合格的程度应是：

他能从文字上理解他人的思想感情，用文字发表自己的思想感情，而且能不至于十分理解错、发表错。

他是一个中国人，能知道中国文化及思想的大概。知道中国的普通成语与辞类，遇不知道时，能利用工具书物，自己查检。他也许不能用古文来写作，却能看懂普通的旧典籍。他不必一定会作诗、作赋、作词、作小说、作剧本，却能知道什么是诗、是赋、是词、是小说、是剧本，加以鉴赏。他虽然不能博览古昔典籍，却能知道普通典籍的名称、构造、性质、作者，及内容大略。

他又是一个世界上的人，一个二十世纪的人，他也许不能直读外国原书，博通他国情形，但因平日的留意，能知道全世界普通的古今事项，知道丘比特、阿波罗、维纳斯等类名词的出处，知道"三位一体"、"第三国际"等类名词的意义，知道荷马、拜

---

① 参见丏尊：《受教育与受教材》，《中学生》1930 年第 4 期。

伦是什么人，知道《神曲》、《失乐园》是谁的著作，不会把"梅德林克"误解作乐器中的曼陀铃，把"伯纳特·萧"误解作是一种可吹的箫！

他阐述了阅读、写作的技巧与层次，并特意告诫年轻读者警惕一种当时流行的坏风气：

> 大家读书不喜欢努力于基本的学修，而好作空泛工夫。普通的学生案头有胡适的《中国哲学史大纲》、《白话文学史》，顾颉刚的《古史辨》，有《欧洲文学史》，有《印度哲学概论》。问他读过"四书"、"五经"、周秦诸子的书吗？不曾。问他读过若干唐宋人的诗词集子吗？不曾。问他读过古代历史吗？不曾。问他读过各派代表的若干小说吗？不曾。问他读过欧洲文艺中重要的若干作品吗？不曾。问他读过若干小乘大乘的经典吗？不曾。这种空泛的读书法，觉得大有纠正的必要。例如胡适的《中国哲学史大纲》原是好书，但在未读过《论语》、《孟子》、《老子》、《庄子》、《墨子》等原书的人去读，实在不能得很大的利益。知道了《春秋》、《左传》、《论语》等原书的大概轮廓，然后去读《哲学史》中的关于孔子的一部分，读过几篇《庄子》，然后再去翻阅《哲学史》中关于庄子的一部分，才会有意义，才会有真利益。先得了孔子、庄子思想的基本的概念，再去讨求关于孔子、庄子思想的评释，才是顺路。用譬喻说，《论语》、《春秋》、《诗经》、《礼记》是一堆有孔的小钱，《哲学史》的孔子一节是把这些小钱贯串起来的钱索子，《庄子》中《逍遥游》、《大宗师》等一篇一

篇的文字也是小钱，《哲学史》中庄子一节是钱索子。没有钱索子，不能把一个一个的零乱的小钱加以贯串整理，固然不愉快，但只有了一根钱索子，而没有许多可贯串的小钱，究竟也觉无谓。我敢奉劝大家，先读些中国关于哲学的原书，再去读哲学史；先读些《诗经》及汉以下的诗集词集，再去读文学史；先读些古代历史书籍，再去读《古史辨》，万一必不得已，也应一壁读哲学史文学史，一壁翻原书，以求知识的充实。钱索子原是用以串零零碎碎的小钱的，如果你有了钱索子而没有可串的许多小钱，那么你该反其道而行之，去找寻许多小钱来串才是。

读书当追根溯源，这样再看后人作品，便有了顺流而下的感觉，夏丏尊此番言论，可谓经验之谈。

出于对青年学子的衷心爱护，他特意强调作文的前提与终极目标仍是"为人"：

文字的学习，虽当求之于文字的法则……但这只是极粗浅的功夫则已。要合乎法则的文字，才可以免除疵病。这犹之书法中的所谓横平竖直，还不过是第一步。进一步的，真的文字学习，须从为人着手。"文如其人"，文字毕竟是一种人格的表现，冷刻的文字，不是浮热的性质的人所能模效的，要作细密的文字，先须具备细密的性格。不去从培养本身的知识情感意志着想，一味想从文字上去学习文字，这是一般青年的误解。我愿诸君于学得了文字的法则以后，暂且抛了文字，多去读书，多去体验，努力于自己的修养，勿仅仅拘执了文字，在文字上用浅薄的工夫。①

学了三年五载的国文，如何检验自己所学的程度和能力呢？在夏丏尊看来，学生"在某种功课上造就如何，教师当然是明白的，其实最明白还要推诸君自己。对于诸君的学力，诸君自己是公正的评判官，是最适当的检验者"。具体来说，关于写作，有两种方法可循，一是自我翻译，"翻文言为白话也好，翻英文为汉文也好，把普通文言诗歌或所读英文的一节，忠实地翻译出来，再自己毫不放松地逐字逐句与原文加以对照，就能看出自己的能力及缺陷所在"；一是评改他人的文字，"把一篇他人的文字摆在面前，细心审读，好的部分加圈，坏的部分代为改窜，但好与坏都须把理由说得出，不准有丝毫的含糊"。关于对文章的理解，夏丏尊认为最简单的评判标准即"标点与分段"、"常识的检验"，学生"可以把各校的测验题目拿来测验自己，如自觉能力欠缺，就亟须自己补救。补救的方法是多问，多翻字典"。关于语汇，他认为首先须"理解语汇"，其次是"运用语汇"，"如果你自觉所贮藏的可用的词不多，那就得随时留意，好好加以补充"。关于其他方面，比如书法，如果"只会写那些文课里的方格字，而不能写社会上实际需要的别种样式的字，那么我劝你自己赶快学习"；再如书写的格式，如果"只知道抄录文课的老格式，不懂得别的东西的写法，只会作家书及对于知己友人的通讯，不会对别的生疏未熟的人写一封客气点的信，那么我劝你自己赶快补习"；又如讹写与音误，他径直建议须悉心留意并善于藏拙。②

---

① 丏尊：《关于国文的学习》，《中学生》1931 年第 11 期。
② 丏尊：《国文科的学力检验》，《中学生》1934 年第 46 期。

对于书籍的阅读，夏丏尊也有着独到的见解。比如在一次主题为"阅读什么"的面向全国中学生的广播演讲里，他开门见山，打破了一些人对书籍奉若神明的观念：

> 我以为书这东西是有消灭的一天的。书只是供给知识的一种工具，供给知识其实并不一定要靠书。试想，人类的历史不知已有多少年，书的历史比较起来是很短很短的。太古的时代并没有书，可是人类也竟能生活下来，他们的知识原不及近代人，却也不能说全没有知识。足见书不是知识的唯一的来源，要得知识并不一定要靠书的了。古代的事，我们只好凭想象来说，或者有些不可靠，再看现在的情形吧。今天的讲演是用无线电播送给诸君听的，假定听的有一万个人，如果我讲得好，有益于诸君，那效力就等于一万个人各读了一册"读书法"或"读书指导"之类的书了。我们现在除了无线电话以外还有电影可以利用，历史上的事件，科学上的制造，如果用电影来演出，功效等于读历史书和科学书。假定有这么一天，无线电话和电影发达得很进步普遍，放送的材料有人好好编制，适于各种人的需要，那么书的用处会逐渐消灭，因为这些利器已可代替书了。我们因了想象知道太古时代没有书，将来也可不必有书，书的需要可以说是一种过渡时代的现象。

结合当今科学技术的发展和多媒体的使用，我们可以看出夏丏尊思想的超前和眼光的长远。他认为读书的目的是为了获取知识，书籍是求知的工具之一。所谓知识，是用来改进生活、丰富生活的技能。

因为文字能把世间一切事情、一切道理都记载出来，印成书，随时随地可以翻看，所以书就成了求知识的重要工具，值得大众来阅读了。那一个人到底该读什么书呢？他根据自己写书、读书及编书的经验，结合中学生的实际需求，给出了建议：

> ……该读些什么书要依了生活来决定选择。首先该阅读的是关于职务的书，第二是参考书，第三是关于趣味或修养的书。中学生先该把教科书好好地阅读，因为中学生的职务就在学习中学校课程。参考书可因了所要参考的题目去决定，最要紧的是发现题目。至于趣味修养的书可自由选择，种数不必多，选择要精，读到厌倦了才更换。①

有了合适的书籍，当怎么读呢？夏丏尊在之后的一次广播演讲中建议："第一，我劝诸君暂时认定参考的范围，不要把自己所要参考的项目或问题抛荒"；"第二，是劝诸君乘参考之便，留意一般书籍的性质和内容大略"；对于有趣味的书，"可以只管读，读到厌倦才止。这类的书，也该尽量地利用参考书"，"这样，才能使你读着的书更明白，更切实有味，不至于犯浅陋的毛病"。当然，读书又有略读与精读之分，"略读的目的在理解，在收得内容；精读的目的在揣摩，在鉴赏"。② 如此细致的阐释与指导，可见其用心之深，用情之切。

出于对青年学生的关爱与呵护，夏丏尊在传授国文学习心得之

---

① 丏尊：《阅读什么》，《中学生》1936 年第 61 期。
② 丏尊：《怎样阅读》，《中学生》1936 年第 61 期。

余，对他们的人生困扰、未来规划也倾注了不少心血。例如在创刊号上，他就冷峻地揭示了时代的无奈之处，提出"中产阶级已在崩溃的途上，当世流行的一切青年的烦闷与中流家庭间的不宁，实都就是中产阶级在崩溃途上的苦闷的挣扎与呻吟"。但他撰写此文之目的，绝非仅仅是抱怨世道之艰，而是要给出可行的建议。第一，他希望学生们"要快把从来的'士'的封建观念先行铲除"。他延续了之前在《一般》杂志中尤其是《知识阶级的运命》一文中的主张，"我常以为中国最要的事情是裁士，而裁兵次之。要化士为工，化士为商，化士为农，化士为兵，除了少数有天分的专事学问的学者外，无一人挂读书人的空招牌，而又无一人不读过书，无一人不随时自己读着书，中国的前途才有希望"。第二，希望学生们"养成实力"，如此才能"在新兴继起的阶级中做一个立得住站得稳的人，不做新时代的落伍者"。①

中学生这个年龄本来就懵懵懂懂、对世事一知半解，况且民国时期政局不稳、民生凋敝，青年人难以避免地感到困惑甚至绝望，于是夏丏尊写了不少随笔或书信式的文章，努力开导年轻人对个人的前途要怀有希望。1930年，他在北平《民言报》上看到一则报道，一名中学毕业生因不满父亲的就业安排及对社会的无奈，跳入护城河自杀。这引起了夏丏尊深深的忧虑与感伤，他专门写文章进行讨论，沉痛地指出，"就实际情形看来，中国的中学校本身已在暴露着空虚与破绽，已在自己种毒的途上了。它一壁无目的地养成了许多封建式的'诸位同学'与'少爷小姐'，一壁除了升学以外不预计及他

---

① 丏尊：《"你须知道自己"》，《中学生》1930年创刊号。

们的去路。这种教育真值得诅咒。老实说吧，中学校自己已在那里自杀了，中学校毕业生石君的自杀，可以认作中学校自杀的朕兆"。在无法改变现实的情况下，夏丏尊非常坦诚地劝告青年人，"第一要紧的是时代与地位的自觉"，认清楚时局的艰辛和自身的境况，从而在一堆最坏的选项里做出一个最不坏的选择。①

针对每位中学生都极其关注和感到焦虑的职业选择问题，夏丏尊也有过分析：

> 据我所见，普通人的职业的来路不外下列几项，诸君所能走的方向当然也不出这几项。一、独立自营，二、从事家业，三、入工商界习业，四、入公共机关作月薪生活。
>
> 诸君出校门后投身职业，该向哪一条路跑，原不能一概论定，一条路有一条路的难处，一个人有一个人的志愿，断难代为抉择。不但别人难以代为抉择，恐诸君自己也无法抉择。在现在的情势之下，一切须看条件：要独立自营，至少家里须有小资本；要从事家业，至少家里先要有老业；要入工商界学业，至少在工商界要有能介绍的亲友；要入机关领月薪，也至少要有人援引；此外，各门还要有能相适应的特种品性。不过就大体说，诸君为生活计，总须走一条路，而且事实也非逼迫诸君去走一条路不可。现世尚谈不到机会均等，只好各人走各人的路，君乘车，我戴笠，君担簦，我跨马，有的乘车，有的戴笠，有的担簦，有的跨马，从前有此不平，现在仍有此不平，

---

① 参见丏尊：《悼一个自杀的中学生》，《中学生》1930 年第 8 期。

无法讳言。

所以，在关系无门、运气又靠不住的情况下，夏丏尊认为横竖还是要靠自己：

> 诸君出校门以后，就利用在学校中锻炼好了的身体，陶冶过了的品性，修养来的知识去碰吧。一面还须把身体、品性、知识继续锻炼陶冶修养以期不失未来的新机会。万一不凑巧一时碰不到职业，请平心反省，是否自己没有碰的资格？倘若自己觉得资格不够，就应该努力修补。如果自问资格无缺，所以碰不到职业完全由于没有机会，也只有再去碰而已。[①]

这些话实在是肺腑之言了。

除以上文章外，夏丏尊还写了一些追忆个人经历的文字，如《我的中学生时代》、《其实何曾突然》、《光复杂忆》、《我之于书》、《白马湖之冬》、《一个追忆》、《中年人的寂寞》、《钢铁假山》、《早老者的忏悔》、《整理好了的箱子》等，感情真挚，令人动容。如《中年人的寂寞》中的一段文字：

> 已是一个中年的人。一到中年，就有许多不愉快的现象，眼睛昏花了，记忆力减退了，头发开始秃脱而且变白了，意兴，体力，什么都不如年青的时候，常不禁会感觉到难以名言的寂寞的

---

① 丏尊：《关于职业》，《中学生》1931年第16期。

情味。尤其觉得难堪的是知友的逐渐减少和疏远，缺乏交际上的温暖的慰藉。

不消说，相识的人数是随了年龄增加的，一个人年龄越大，走过的地方当过的职务越多，相识的人理该越增加了。可是相识的人并不就是朋友。我们和许多人相识，或是因了事务关系，或是因了偶然的机缘——如在别人请客的时候同席吃过饭之类。见面时点头或握手，有事时走访或通信，口头上彼此也称"朋友"，笔头上有时或称"仁兄"，诸如此类，其实只是一种社交上的客套，和"顿首""百拜"同是仪式的虚伪。这种交际可以说是社交，和真正的友谊相差似乎很远。

真正的朋友，恐怕要算"总角之交"或"竹马之交"了。在小学和中学的时代容易结成真实的友谊，那时彼此尚不感到生活的压迫，入世未深，打算计较的念头也少，朋友的结成全由于志趣相近或性情适合，差不多可以说是"无所为"的，性质比较地纯粹。……

学校教育给我们的好处不但只是灌输知识，最大的好处恐怕还在给与我们求友的机会上。这好处我到了离学校以后才知道，这几年来更确切地体会到，深悔当时毫不自觉，马马虎虎地过去了。近来每日早晚在路上见到两两三三的携着书包、携了手或挽了肩膀走着的青年学生，我总艳羡他们有朋友之乐，暗暗地要在心中替他们祝福。①

---

① 丐尊：《中年人的寂寞》，《中学生》1934 年第 49 期。

虽是在写自己浓浓的感喟与淡淡的追悔，但何尝不是在以自我反思的方式来勉励他眼中的年轻人要珍惜时光、珍惜友谊，为自己的人生留下难忘的片段。

情堪称饱满，意实在真切，细细品味夏丏尊在《中学生》刊物上留下的墨迹与文风，似乎隐约可窥见一位忠厚长者的神采与笑容。文如其人，睹夏丏尊作品，不禁信夫！

在《中学生》杂志取得巨大成功的同时，夏丏尊等人考虑，怎样能给小学高年级和初中一二年级学生，以及同等文化程度的社会上的少年如学徒、童工等，提供一种包含社会、自然、文艺等多方面内容的杂志。1936 年 1 月 1 日，开明书店围绕此理念编辑发行了《新少年》半月刊。它比《中学生》的程度浅，又比商务印书馆的《儿童世界》程度深，以指导少年们"认识社会、欣赏文艺、了解自然"为宗旨，致力于对少年的政治、艺术与科学启蒙。《新少年》杂志社社长是夏丏尊，叶圣陶、丰子恺、顾均正、宋易等为编辑。

创刊之前，夏丏尊找到茅盾，请他写一部适合少年阅读的连载小说，作为对《新少年》的支持。茅盾大笑道："我虽然写过一些儿童文学的评论，但是从来没有写过儿童文学，你找错人了。"夏丏尊却毫不让步，说："你提出了理论，何不亲自实践一番？"又说："最好写这样一个连载小说，通过故事能使小读者得到一些知识。"茅盾回答："你的要求太高了。"

过了几天，夏丏尊又写信去劝茅盾，茅盾终于被他说服了。思来想去，决定写一个失学少年通过劳动成长为一名印刷工人的故事，题目是《少年印刷工》。在这篇小说里，茅盾遵照夏丏尊的要求，向小读者们介绍了印刷技术的知识，并激励读者通过自己的努力不断成长。然而，这次新尝试并不成功。小说的前半部写得比较顺利，故事的开展，人物形象的刻画，社会氛围的营造，都堪称合理。不过进入下半部后，由于夏丏尊的要求一直横亘在茅盾的心中，以致他犯了大忌，没有把主要笔墨放在人物的塑造上，而且切断了与前半部中曾出现的人物和情节的有机关联，只侧重于技术知识的介绍。此问题愈写愈明显，该小说只得匆匆收尾。①

1937年八一三事变爆发，开明书店毁于炮火，《中学生》、《新少年》同时停刊。《新少年》共出版38期，从创刊到停刊，共历时一年零七个月。在这段短暂的时间内，《新少年》凭借其丰富的内容和编辑们认真负责的工作作风，备受读者喜爱，它和《中学生》共同成为同类期刊中发行量最大者。

---

① 参见茅盾：《我走过的道路》（下），人民文学出版社1997年版，第35页。

一、南屏岁月

在战火纷飞、动荡不已的年代，无论是一份刊物，还是一家出版社，在残忍的战争面前，都是不堪一击的。在《中学生》办刊的过程中，就不止一次遇到过延期甚至停刊的危机。1932年1月28日午夜，日本军队突袭上海闸北，国民党第十九路军奋起抵抗，日军狂轰滥炸，一·二八事变爆发。由于事起突然，开明同人事先没有制定疏散计划，以致开明书店在闸北、虹口的厂房、机器、纸板均毁于炮火。万幸《中学生》杂志逃过一劫，没有遭受太多损失，经过夏丏尊等人的努力，停刊不久即恢复出版。

然而，战争并未就此止步。

1935 年 12 月 27 日，夏丏尊与上海文化界人士 200 余人成立"上海文化界救国会"，提出否认一切有损于领土主权的条约和协定，坚决反对在中国领土内以任何名义成立由外力策动的特殊行政组织等主张。

1936 年 6 月，中国文艺家协会经过两个多月的酝酿在上海正式宣布成立，夏丏尊与茅盾、傅东华、洪深、叶圣陶、郑振铎、徐懋庸、王统照、沈起予一起当选为理事。10 月 1 日，夏丏尊、鲁迅、郭沫若、巴金、王统照、包笑天、沈起予、林语堂、洪深、周瘦鹃、茅盾、陈望道、张天翼、傅东华、叶绍钧、郑振铎、郑伯奇、赵家璧、黎烈文、谢冰心、丰子恺等共 21 位作家签名，在《新认识》第 1 卷第 2 期、《文学》第 7 卷第 4 期和《申报每周增刊》第 1 卷第 40 期，发表了《文艺界同人为团结御侮与言论自由宣言》，号召全国文学界同人应不分新旧派别和个人成见，为抗日救国而联合。此篇宣言的发布，标志着中国文艺界抗日民族统一战线的初步形成。

1937 年 1 月 15 日，《月报》月刊在上海创刊，夏丏尊任社长，列名编辑的有胡愈之、孙怀仁、胡仲持、邵宗汉、叶圣陶。这是中国第一份大型综合性文摘刊物，刊登中外政治、文化、学术等方面内容，尤其重视对中国抗日战争和国际反法西斯斗争的介绍。7 月 15 日出版"华北事变临时增刊"后停刊，共出版 7 期。

该年 7 月 5 日，上海编辑人协会成立，谢六逸担任主席，夏丏尊、夏征农、欧阳予倩等 9 人为候补理事。8 月 24 日，上海文化界救亡协会机关报《救亡日报》在上海创刊，夏丏尊应郭沫若、夏衍之请，成为该报编委。《救亡日报》是根据周恩来同志指示办起来的，实际工作由夏衍和阿英主持。该报以多种形式宣传抗日救亡，介绍前线战况。同年 11 月停刊。

七七事变之际，夏丏尊的好友兼学生丰子恺从南京赶回杭州，途经上海下车，到开明书店看望他。夏丏尊边叹气边说话，满是忧愁与无奈。因为丰子恺急着赶路，匆匆告别道："夏先生再见。"他站在门口回答："不晓得能不能再见！"孰料这确是诀别，果然"不能再见"了！

及至八一三事变爆发，尚在校印中的第 77 期《中学生》随同梧州路开明书店编译所的图书报纸一起化为灰烬，不少同人被迫逃难。叶圣陶辗转到四川乐山武汉大学中文系任教，宋云彬、傅彬然赴武汉参加由郭沫若领导的军委会政治部第三厅的工作，后因武汉沦陷又去了桂林，在文化供应社继续从事编辑出版。主力星散四地，《中学生》不得不停刊。

在八一三事变前几日，夏丏尊拿了一张《立报》到宋云彬住处，眯着眼指着报上一首短诗给他看，说道："这两句好：'只要有那一天，一切牺牲都情愿！'我也这样想，只要有那一天，我牺牲一切都情愿。"大家都在搬东西运行李，而夏丏尊执意留守上海。之后，夏丏尊一家从虹口区的麦加里躲避到法租界的霞飞路霞飞坊 3 号，全家六七口挤在楼下一间狭窄的客堂里，除了衣物，没有带什么生活用品，可谓一穷二白。但夏丏尊坚信胜利终将到来，他长夜待旦，等候曙光。

正因为多数同人辗转他地，作为留守沪上的看家人，夏丏尊的处境更加困难。他一个月只能拿到二十元生活费，却承担着很大的工作量，比如要向内地提供多种资源，协助他们印刷教科书，出版一定数

量的畅销书，还要积极寻求机会出版新书，巴金的《春》、《秋》两部
小说就是在这一时期发行的。

1938 年后，夏丏尊进入了生活极端困窘的阶段。多年来辛辛苦
苦积累的版税随着货币的更迭与贬值几乎不值一提，虹口旧宅的书法
字画与财物也伴随炮火付之一炬，次子夏龙文又失业，可谓雪上加
霜，重担都压在夏丏尊一人肩上。作为深爱祖国的学人，他坚决不在
日伪所办杂志上发文章，于是有时举债度日。为了增加收入，他不得
不重执教鞭，赴南屏女子中学上课。赵景深在去赫德路复旦大学授课
的时候，经常在亚尔培路霞飞路口等 24 路电车时遇见夏丏尊，他正
赶往南屏女中上课。据赵景深回忆，"我们都做三等（票），不是为了
省钱，只是为了三等宽舒一点，面积大一点"①。

南屏女中前身是浙江省立杭州女中，抗战爆发后校长曾季肃带领
师生迁到上海办学。虽战火纷飞，曾季肃仍四处延揽名师，因为很早
就仰慕夏丏尊，欣赏其翻译的《爱的教育》，所以极想将他请来任教，
不过心中不免有些疑虑：这样的名师是否愿意屈就于这所临时成立的
私立学校？不承想夏丏尊听闻邀请，爽快答应。就这样，夏丏尊重启
了个人的教育实践。

那时高中国文课程每周 6 课时，几乎每天都有一节课。夏丏尊
住处距离地处沪西的南屏女中较远，也没有直达的交通工具，他从
家里出发，坐上 24 路无轨电车，下车后还要走很长一段路，车上拥
挤，车下路远，对于一位老年人而言，确实非常辛苦。然而他却非常
守时，上课铃一响，肯定准时踏进教室，三年如一日，从无迟到或早

---

① 赵景深：《文坛忆旧》，三晋出版社 2015 年版，第 84 页。

退，也没有请过事假病假。作为一位名望甚高的老教授，这种认真负责的态度和持之以恒的精神实在可嘉。

每日来回奔波，夏丏尊到校后不免气喘吁吁。为了保证上课质量，他只得早些出门，提前到校，在教师休息室先坐下休息一会儿，平复一下气息。学生们知道该情况后，请求夏丏尊课前直接来教室休息，她们提前为他搬好软椅，泡好热茶，准备好上课用的粉笔。有时候赶上早上第一节课，她们甚至直接到校门口迎接夏丏尊。夏先生经常用一块布包着上课用的书本、眼镜等物品，学生们看见后，赶快跑过去接过包袱，笑着说着，前呼后拥，一直把他送进教室，竞相给他打扇、递湿毛巾……每逢这种场合，夏丏尊总是慌忙张开双手阻挡，连声说："哎哟，让我自己来，让我自己来！"学生们被夏丏尊认真的执教态度所感动，私下悄悄议论如何表达对他的敬爱之情，有人说要努力用功，有人说要专心听讲，有人说要学好国文、考出好成绩。这不就是对夏丏尊平时所倡导的"爱的教育"的最好反馈吗？

夏丏尊在南屏女中既有严肃的形象，也偶有趣闻。南屏女中刚开始创办时，全校只有 72 名学生。因为人数与孔子当年"七十二门人"正好一致，曾季肃就半开玩笑地称学生们为"南屏七十二贤"。陈仁慧所在班级一共 16 人，同学们按照《论语》中的弟子姓名相互起绰号。陈仁慧被称作"颜回"。有一次上课前，学生们围着夏丏尊"揭发"彼此的绰号，并且问他对于绰号的意见，是不是与本人的形象气质相符。当他得知陈仁慧绰号是"颜回"时，忽然沉默了，若有所思。同学们非常好奇，问他为何沉思。他回答："在孔子的学生中，颜回是最短命的……"又换了语调赶紧加上一句："不过，我们的颜回是长寿的。"

在教学上，夏丏尊对学生的要求很严，并且以身作则。比如他要求学生写作文时认真构思，字体端正，卷面整洁，他在给学生批改作文时，也写得工工整整、一丝不苟，在每份作文后面都给一段恰如其分的评语。缺点错误逃不过他的眼睛，但如果有些许的进步，他都会非常认真地给出鼓励。但凡看过夏丏尊批阅的作业，都感慨其认真负责的态度。试卷之上，评语之外，几乎在每处删改增添的地方，夏丏尊都要用密密麻麻的蝇头小楷加上眉批，指明这个地方为什么要这样修改。凡有错别字，也绝不放过，一方面在字边打上红杠标出，一方面在这个错别字所在行的页顶，用红笔画上一个方框，要学生自己填写改正。如果有些句子或段落，夏丏尊觉得写得很好，他总是密加圈点，根据欣赏的程度，分成红点、单圈、双圈和三圈。有时还在圈点之处加上眉批，说明好在何处，如何之好。每次批改以后，还选择其中有代表性的问题当面指导。如果他认为全篇都写得不错，往往拿到课堂上去抑扬顿挫地朗诵一番，并且随时加入他的按语和评论，其欣喜之色，溢于言表。

除了批阅，夏丏尊的授课也是极其细致的。若涉及知识难点，必定详加解释，有时还引经据典，介绍参考书让学生们阅读，务求使她们彻底弄懂。课余时间夏丏尊对学生比较平和随意，在课堂上则非常严格。有时他说话的速度会逐渐缓慢，直至停顿，眼睛牢牢盯住某个方向。跟着他的眼光朝那个方向看去，一定能发现有学生思想开了小差，或者在淘气地做什么小动作。这种无言的片刻就是他对学生的训斥与警告。同学们把这种教训称为"此时无声胜有声"。几次之后，再也没有学生敢在他的课上不专心听讲了。

南屏中学是女子中学，所以夏丏尊时常提醒学生：作为女学生，优点是比较用功，缺点则可能是喜欢死抠书本，知识面不够宽。为此他经常鼓励学生多涉猎课外书籍，有时还把自己的藏书带给大家阅读。

1941年12月，太平洋战争爆发后，日本军队攻进了苏州河以南的租界，局势趋于恶化，夏丏尊只得辞去教职，离开南屏女中。

重执教鞭的同时，夏丏尊仍不忘扶植有志于翻译出版事业的年轻后辈。比如后来曾出任上海书店总编辑的文学家范泉，当时还是一位籍籍无名的文学爱好者，上海沦陷后，长期失业，十分苦恼而没有解决的方案。因懂日语，范泉开始进行文字翻译工作，尝试翻译过川端康成的《文章》，岛崎藤村的《断片》等作品，后来在内山完造的推荐下，着手翻译小田岳夫的《鲁迅传》。这部作品因原作者占有的资料不够充分，很多地方写得与实际情况有较大出入，对鲁迅思想的阐释也比较肤浅，但对于国内的鲁迅研究仍有一些借鉴意义。

1944年初，范泉的《鲁迅传》翻译稿成型，遵照许广平的书面意见作了修改后，由《鲁迅全集》发行人黄幼雄介绍，送到了夏丏尊手中。

夏丏尊是当时日文翻译界的名家。作为后生晚辈，范泉的内心自然是忐忑的。见面后，夏丏尊把译稿和原著略加翻阅，便一口应允审读，还非常热情地接待了他们。这不禁让范泉有如沐春风的感觉。

大约两个月后，范泉第二次去看望夏丏尊。"他像见到一位熟识的老朋友一般，很高兴地和我握手，招呼我，说道：'啊，你来了！译稿我已看过。我们开明书店今后可以出版'"。等彼此坐定后，夏丏尊向范泉说明了这部译稿的优缺点："优点在于简明扼要，缺点在于有不少因为是外国人的观点，说得似乎不够恰切。"然后指出译文中的问题："有些语句，得意译。不能完全直译。意译了，反而能够表达原作的精神。"

范泉后来回忆："经他这一指点，使我豁然开朗。此后我又翻译了朝鲜作家张赫宙的《朝鲜风景》和《黑白记》，就按照丐翁的教导，不仅突破了不少难点，而且还大大加快了翻译的进度。"

等到《鲁迅传》正式出版，已经是 1946 年 9 月了。当开明书店的徐调孚将译稿和清样送给范泉时，夏丐尊已经驾鹤西去。范泉打开纸包，一页一页翻阅书稿，"赫然呈现在我面前的，竟是丐翁不止一处地代我修改的手迹！这使我回想到 1944 年第二回看望丐翁时的那次教导。他指出我译文的毛病，却为了避免我丧失信心似的，没有把译稿退还给我，而是由他自己耐心细致地一一修改。这要花费丐翁的多少时间和精力啊！丐翁教导我的，不仅是他的诲人不倦、扶持后辈的精神，而且还有这种一丝不苟、认真负责的工作态度。但正是这样一位淳厚的长者，我再也不能亲聆他的教诲了。我禁不住感动得热泪盈眶，终于在译本的扉页上，写上了'谨以此书献给夏丐尊先生'的几个大字……"①

用办教育的方式启迪出版界后辈，进行出版事业时浸润着教育的气息，这就是夏丐尊独有的出版家特质。

身处上海沦陷区期间，夏丐尊曾花大气力编著《夏氏字典》，这部字典依词类分述每一单字的用途，其特色是在例句下还加上复词，如"大"字下面加复词"巨大"、"广大"。这部字典耗费了夏丐尊整整十年的心血，他临终前两天还谆谆嘱咐叶圣陶代为完成。夏丐尊逝世时，《夏氏字典》只编完三分之二，后由周振甫继续编纂。叶圣陶在 1946 年 4 月 16 日日记里写道："下午，开始看振甫所编字典稿。

---

① 中国出版工作者协会编：《我与开明》，中国青年出版社 1985 年版，第 89 页。

此字典由丏翁设计，由振甫执笔，写成以后，再由丏翁校定。今振甫已将写成，丏翁阅过者为量甚少，同人以为此字典应早出，由余通体看过一遍即为定本。"① 到了 1946 年 11 月 7 日，叶圣陶写道："午后开编审会议，《夏氏字典》由振甫作稿，即将完成，议定由雪村、振甫与余三人重看一过，然后发排。"② 一年后的 8 月 11 日又写道："丏翁与振甫合作《夏氏字典》已完稿，大家看来，无多出色，且不便于初学，虽将出版应市，恐未能畅销。"③ 开明书店考虑到印刷成本及销售等因素，终未能出版这部字典。

二、入狱经历

1941 年 12 月太平洋战争爆发后，夏丏尊被日本人认定为激进的"危险分子"。1943 年 12 月 15 日凌晨 5 点钟左右，多名日本宪兵敲开了夏家的大门。夏丏尊问明来由，得知对方要他去宪兵部，便从容地穿上旧大衣。离开时，他关照家人通知章锡琛一声，因为平日叫惯了"老板"，就随口说："对老板讲一声……"日本人一听见"老板"二字，以为这必定是一个掌握大权的更重要的人物，所以章锡琛也被带走了。

夏丏尊和章锡琛被带到虹口旧德领公寓旁的日本宪兵本部。同时

---

① 叶圣陶：《沪上三年日记》，载叶至善、叶至美、叶至诚编：《叶圣陶集》第 21 卷，江苏教育出版社 2004 年版，第 65 页。

② 叶圣陶：《沪上三年日记》，载叶至善、叶至美、叶至诚编：《叶圣陶集》第 21 卷，江苏教育出版社 2004 年版，第 136 页。

③ 叶圣陶：《沪上三年日记》，载叶至善、叶至美、叶至诚编：《叶圣陶集》第 21 卷，江苏教育出版社 2004 年版，第 209 页。

被"留置"在此的还有世界书局的赵侣青、中华书局的潘公望、北新书局赵景深的夫人李希同（赵景深当时正好不在上海），以及四所小学、四所中学的教师，圣约翰大学校长、教师等一共 39 人。敌人企图在文化宣传上进行恫吓，以示威势。

夏丏尊自认为性格怯弱，没有直视困难的能力，连妻子每次生产，他都不敢走入产房。但在日本人面前，他表现出重节概的一面。在被拘留的十天中，他有五天受审。审讯时，日本人特意用日语提问，并要求用日语回答，夏丏尊反驳道："我是中国人，我说中国话。你们有翻译人员，翻译就是了。"日本人随即出示有夏丏尊签名的中国文艺家协会抗日宣言，指着会议出席者名单，逐一询问，并把答话全部记录下来。不过总体而言，对方的审问极其随便，天南地北乱问一通。日寇问他："你见过郑振铎吗？"夏丏尊回答："已经好久好久没有见到他了。"其实，被捕前，他们几乎天天在一起。为了掩护朋友，从不说谎的他向敌人毫不犹豫地说了谎。接下来，他便与日寇大讲佛经，巧妙周旋。

后经日本友人内山完造等营救，夏丏尊被保释，于 12 月 25 日下午出狱。在被拘留的人当中，夏丏尊和李希同最先得到释放，他们一个是衰弱的老翁，一个是唯一的女性。

夏丏尊回家后，柯灵与朋友去看望他，他慢吞吞地说了经过，连连笑着说："没有吃什么苦"，似乎并不因自己的不幸遭遇而表现出特别的愤怒。在夏丏尊被拘留期间，有位年轻人曾为夏家送去一封信，说是几个同学凑起来的钱，请夏师母随便使用。夏夫人忘了询问来客的姓名。夏丏尊被释放后，一定要还那笔钱，说自己虽然困窘，那些学生也不宽裕，不该凭借被捕的名义收他们的钱。他逐一询问，竟没有一个学生承认此事。无奈之下，他把钱捐赠给了慈善机构。

出狱后休息了五六天，夏丏尊便继续到书店工作，然而身体却日渐不如往昔。

三、三件乐事

这一时期，不少赴重庆、桂林、昆明等地的朋友数次写信，建议夏丏尊到大后方看看。但他坚持在沪上等候天亮，坚信胜利终将属于中国。

漫长的苦闷中偶有几件乐事。第一件事，便是《中学生》复刊。1939年5月，经过开明书店同人的不懈努力，《中学生》在时隔20多个月后，终于在桂林复刊，改为战时半月刊，由叶圣陶继任主编。

实际上，开明同人为了《中学生》能够复刊，一直在默默筹划。1939年3月，章锡琛的弟弟章锡珊就提出了恢复《中学生》出版的建议。这在宋云彬1939年3月11日的日记里有体现："雪山主张恢复开明之《中学生》，余表示赞成，但无适当编辑人。"[1] 其后同人们逐渐加强联系，谋划此事。3月13日，宋云彬致函傅彬然，"告以《中学生》复刊事"。于是对《中学生》复刊起关键作用的另一位同人傅彬然加盟了。此后宋云彬便成为运作刊物的骨干。到了当年5月，复刊第1期杂志装订完毕，准备印发7000份。要知道战前发行量最大的《东方杂志》，每期也就一万多份，可见《中学生》影响力之大，

---

[1] 海宁市档案馆编：《宋云彬文集》第四卷，中华书局2015年版，第22页。章锡珊字雪山。

夏丏尊等人之前所打下的坚实基础也可想而知。5月7日，宋云彬致函夏丏尊，传达了杂志复刊的喜讯。

复刊后的《中学生》，编辑体例与战前大致相同。开篇是具有社论性质的《卷头言》，后面是介绍文、理、工程技术各科和基本知识的文章，最后以《读者之页》压轴。因为时值抗战阶段，所以与战前相比，时政性的文章、评论明显增多了。

《中学生》的复刊，对于以章锡琛、夏丏尊为代表的开明书店同人而言，意义非凡。从实质层面上看，一份招牌式刊物的恢复，意味着开明书店影响力的持续与经济收益的延续；从象征意义来讲，则意味着虽然日寇炸毁了开明书店在上海的库房、设备，但并没有毁掉开明书店这块民国出版界的金字招牌。《中学生》的复刊，便是开明书店浴火重生的最佳体现。

第二件事，则是夏家与叶家的一段美好姻缘。就在《中学生》杂志复刊之际，夏丏尊与叶圣陶两家迎来联姻大喜。这年春天，夏家与叶家虽然一身处敌区，一避难乐山，但通过信函往来，终于商定夏家女儿夏满子与叶家儿子叶至善完婚。满子早在抗战初期，就已追随叶家来到四川。叶家带着未婚的儿媳奔赴大西南，也早有督促子女成婚之意。见情形相对稳定，于是此事提上日程。

1939年6月3日，一对新人在四川乐山红十字会会所举行婚礼。三天后，叶圣陶给夏丏尊写信，描绘了当日的热闹情形。

夏丏尊也在上海办了喜宴，据说来祝贺的客人有100多位。夏丏尊喝得酩酊大醉，躺了四五个小时不省人事。喜悦之情可见一斑。操办喜宴之前，夏丏尊还特意写了四首贺诗，张挂在墙壁上，并寄给乐山的亲家叶圣陶：

叶夏从来文字侣，三年傲屋隔楼居。

两家儿女秾桃李，为系红丝顾与徐。

文心合写费研磋，敢与雕龙拟彦和？

属稿未成先戏许，愿将墨渖溉丝萝。

添妆本乏珠千斛，贻予何须金满籝。

却藉一编谋嫁娶，两翁毕竟是书生。

此是艰贞报国时，漫矜比翼与齐眉。

青庐窗外峨眉在，雄峻能湔儿女私。

这《感赋四绝》是夏丏尊一年内创作的仅有诗作，道尽了夏、叶两家的绵长姻缘与相互关怀。得到亲家的诗，叶圣陶也依着原韵，和了四绝：

艰屯翁叹淹孤岛，漂泊我怜尚蜀居。

善满姻缘殊一喜，遥酬杯杓肯徐徐？

合并何年重切磋，中原佳气见时和。

两翁窥镜朱颜在，未欲岩阿披薜萝。

儿贤女好家之富，不数豪华金满籝。

忠厚宅心翁与我，倘酬此愿慰平生。

> 为道今春四月时，未婚小耦上峨眉。
>
> 荡胸云气没腰雪，避地犹承造物私。

诗文唱和，成了当时文坛的一段佳话。

第三件事，便是 1943 年 1 月 21 日，夏丏尊与结发妻子金嘉结婚 40 周年之庆。按照欧洲习惯，结婚 40 周年是羊毛婚，章锡琛约上书店的同人挚友王伯祥、顾均正、徐调孚、索非等六对夫妇参加在夏家举行的庆祝家宴，大家将各自于家中做好的两味拿手菜肴带到夏家，为夏丏尊夫妇祝贺，增添喜气。章锡琛即席作了四首七律，与夏丏尊共事过的书店新旧友朋，如王伯祥、顾均正、徐调孚、周振甫、周德符等各和一首，王统照以略带诙谐的口气也凑成两首。彼时国统区与沦陷区尚可鸿雁传书，叶圣陶、朱自清、朱光潜、马叙伦、贺昌群等听闻此事，也各寄一首遥祝。

收到如此多的贺诗，夏丏尊自是感激与高兴，于是写了一首情真意切的答谢诗：

> 如幻前尘似水年，佳期见月卌回圆。
>
> 悲欢磨得人偕老，福寿敢求天予全。
>
> 故物都随烽火尽，家山时入梦魂妍。
>
> 良宵且忘乱离苦，珍重亲朋此醼筵。

诗前尚有一段序言："壬午腊月十六日为余与老妻结缡四十载纪念，知友伉俪醼肴欢宴寓舍，席间雪村唱吟叠韵再四，和者群起，余亦踵成此章。"

此次旧体贺诗将近 20 首，后被辑印两纸分存。其中一部分以《夏丏尊羊毛婚倡和诗》为题，刊于柯灵主编的《万象》杂志第 3 年第 3 期。

1946 年 2 月 9 日，夏满子随叶家东归上海。她抱着孩子敲开霞飞坊 3 号大门，夏丏尊二儿媳韩玉严出来开门，竟不认识她了，还问"侬找啥人家"。夏丏尊见了身穿土布衣服的满子，向妻子戏说："来了一群叫花子，哪能办？"

叶圣陶返回上海后，稍加安顿即拜访阔别长达 8 年的夏丏尊。进门时，夏丏尊正坐在床上。久别重逢，可谓百感交集，夏丏尊一味感叹"老了，老了！"两人忍着眼泪，一时说不出话。

1946 年 7 月，《中学生》杂志迁回上海出版，夏丏尊写了《寄意》一文，刊登在第 171 期上，向阔别多年的青年读者致以问候。文章一开头就说："我是《中学生》创办人之一，从创刊号至 76 期止，始终主持着编辑等社务。所以在我，本志好比一个亲自生育、亲手养大的儿女"，表示"从今以后，愿继续为本志执笔。近来我正病着，如果健康允许的话，一定要多写些值得给读者看的东西"。[①]

四、心系书业

1945 年 8 月 9 日晚上 10 点多，尚在写作的夏丏尊被一阵欢呼声驱走了脑中的思路。"日本投降啦！"，"我们胜利了！"庆祝声愈来愈响，夏丏尊的心绪也随之翻滚起伏，久久不能入眠。

---

① 夏丏尊：《寄意》，《夏丏尊文集》（平屋之辑），浙江人民出版社 1983 年版，第 268—269 页。

本以为战后将是万象更新的局面，孰料国民政府依旧是一派昔日颟顸腐败的模样。面对这种不堪的景象，一向给人温良谦恭印象的夏丏尊，遏制不住心中的怒火，以笔为刀，开始抨击丑恶的政治现象。1945 年 11 月 25 日，他在《大晚报》发表题为《好话与符咒式的政治》，揭露了诸多国民政府大员的丑恶行径，文末，夏丏尊满是失望地"期待"：

> 一时期有一时期的标语，一个官有一个官的政见。话都是好听的，可惜结果没有效验，等于不灵的符咒。近来每当一官到任，于爆竹声中见到满街花花绿绿的标语时，我不禁要为之苦笑，记起"爆竹一声除旧，桃符万户更新"的老对句来。
>
> 最近的新标语是"建国必成"、"精诚团结"、"政治民主"、"中国工业化"等等，但愿为政者对于这些高明的政见能有几分实现，不使它再成为"一厢情愿"的好话与符咒。①

这种文风与力度，在夏丏尊以往的文章中，是不多见的。由此可知他对国民党政府的极度失望。

不过好在抗战胜利了，昔日同人纷纷返回上海，开明书店的新旧至交又能再度携手共创出版事业。1945 年 12 月 27 日，夏丏尊站在专业出版人的角度，在《大公报》发表了《中国书业的新途径》一文，回顾了抗战前与抗战期间的出版困境，并提出了今后的发展构想。

他在开篇首先非常直白地坦言："全国事业经过八年的战祸，无

---

① 夏丏尊：《好话与符咒式的政治》，《夏丏尊文集》（平屋之辑），浙江人民出版社1983 年版，第 259—261 页。

一不受到巨大的创伤。胜利以后，亟待复兴"，"所谓复兴者，不只是恢复原状而已，要较原状有所改进才对"。作为置身书业十数年的资深出版家，他认为："书业以传达文化，供给精神食粮为职志。书店之业务可分为二部，一是将有价值的著述印制成为书籍，这叫做出版；二是将所印制成的书籍流通开去，供人阅读，这叫做发行。"就出版方面而言，著述可收外稿，原不必一一由书店自己编辑。但毕竟每个书店都有自身独特的目标，为便利计，皆设有编辑所。排印书籍原为印刷所之事，本无须由书店自己兼营，但书店为呼应便利计，大都附办印刷所。就发行方面而言，书店所制成的书籍原可与别种商品一样，除门售外，批发给贩卖商销行到外埠去，不一定要在外埠自设分店，但书店为防止放账上的危险及其他种种原因，皆于总店以外在重要城市另设分店。"故向例一家书店机构很是庞大。总店本身要具有编辑所、印刷所、发行所三部；总店以外，还要具有许多分店才算骨骼完整，规模粗具"。

既然书店的规模如此庞大，非有巨大资本不能应付，然而实际情形却与之相反，书店的资本薄弱得很。依照夏丏尊的预估，"在战前，全国最大的书店如商务印书馆资本只五百万元，中华书局是四百万元，其他的各书店只不过数十万元而已"。以如是薄弱的资本，要想转动其全部机构来实现文化上的使命，当然力有未逮。于是只好缩短阵线，大家把眼光集中于销路比较可靠而成本不大的书籍上。首当其冲就是"中小学的教本"，其次"是不要稿费或版税的旧书翻印，行有余力，然后轮到别的新书。各家所出版之书籍既互相重复，发行上竞争自然激烈，或用巨幅广告来号召，或违背同业定章，抑低折扣滥放客帐来倾销，结果发行费用非常浩大，利润随而减少"。这种情形于书店当然十分不利，可想而知其资本基础何其脆弱，根本经不起大的动荡，而整个文化界也因此受到不良影响。"因为书店财力有限，所出版的十之八九只是些中小学教本与旧书，自无力来介绍日新月异的学术思想，也无暇顾及社会各方面的需要。譬如说，关于新兵器的书，关于台湾、澎湖的书，关于内蒙、西藏、新疆的书，现在很需要，可是书店里不大多见。"

中国历来是以农立国的，可是任何农学部门都找不到一部像样的有用的书。此外如音乐、绘画、雕刻、建筑、医药、航空、造船等门类，也都因为太冷僻太专门，不被书店所顾及。即使有人撰写好了稿子去委托出版，也大概会遭到拒绝。夏丏尊就举了个亲身经历的例子："有一位研究音乐的朋友，现为国立音乐院教授，他费了多年的光阴与气力写好了两部书，一部叫对位法，一部叫音乐史，自以为很有价值，想出版，遍询书店都不要。中国虽有许多家书店，而书籍的种类不多。"除教科书和辅导材料外，一般书籍的销数也有限，每一本书，销数好的不过几千，坏的只几百或几十。因为书店营业的目光偏在教本，无暇顾及一般的所谓"杂书"，并且推销上全靠门市与自设的几处分店，无力把书籍伸入全国各地。若与其他先进国家相较，中国所出版的书籍在品种上和销行数量上都是颇为落后的。

夏丏尊以上所反思的，是民国书店过去的情形。那么今后是否将再这样继续下去呢？又当如何改观呢？

日寇侵华致使全国多所出版机构大受损伤，有的已失去了印刷所，有的已解散了编辑所，至于各地的分店大都已毁去了十之七八，如果要一一恢复旧观，恐各家书店都无此财力。"试看仅仅几种国定教本，以七家书店来联合承印，犹嫌资金不足，要向政府贷款，书店财力之薄弱可知。"与此同时，"书店向以教本为主要营业，今则教本已改为国定，为教育前途计，我们也希望其永为国定。国定教本理宜由国家规定办法，让大家承印。从前由七家书店与教育部订立契约，联合承印，是战争时期不得已的办法。此后情形改变，当然未必能够继续下去，在教科书以外，应该决定营业的方针。"情势如此，书业若重循故辙，前途将遭遇许多障碍。为今之计，亟宜另觅一条新途径。新途径是什么？即将原来机构改组，把出版机关与发行机关分立。夏丏尊给出的解决方案大致如下：

一、以上海现有书店为发起人，在上海组织联合书店（假定之名）股份有限公司，资本十亿元（假定之数），任各方投资。

二、联合书店不出版书籍，但以发行为业务，在全国各省市各县设立分店，其普遍应如邮局。

三、现有各书店各自动改称为出版社。出版社专营出版事业，其资本可大可小。各出版社以所出版之书籍批发于联合书店发行，不自设总店门市部与各地分店。

四、联合书店营业以现款交易为原则，于收到各出版社所出之书籍时，即按批发折扣，以定价几分之几付给现款，余额按期结清。

夏丏尊认为，书业若如此改组，在出版与发行两方面有许多好处：

一、发行效力大可增加，假定一部新书每县销行十册，全国二千余县合计可销行二万册。印数既多，造货成本自廉，可使读者减轻负担。

二、推广费及管理费可以减少，无滥放回佣及吃倒帐等流弊。

三、资金周转灵活。

四、任何著作者可纠合同志或独力以小资本经营出版社，依各自的兴趣刊行各门类的书籍，不必一定再委托书店出版。书籍的种类将因此大大增多。其委托书店出版者，亦可于成书时即取得版税。

五、营业统一，无垄断可言。书籍之销行与否，全视其内容与定价如何。各出版家将专在书籍的内容上成本上互相竞争，促成文化的向上。

仅就上面所举的几点来看，好处已经很多，为各家书店减轻原来笨重的负荷计，今后的发展计，为整个文化界的利益计，这条途径似乎平坦可行，是值得采取的。

可能仍有人顾虑，认为书店发行部既化零为整，各家发行部的从业员将有失业之忧了。在夏丏尊看来，这层是不足虑的。一旦"联合书店将遍设各地，犹如邮局，所需要的人员比现在不知要多若干倍，原来的从业员决无过剩之理"。也许还有人要担心，联合书店规模巨大，整个出版界或将为此一机关所操纵，对出版界前途不无影响。夏丏尊认为："联合书店本身不出版书籍，出版之事仍操在出版家手中。联合书店所得的只是百分之几的批发折扣，不致夺尽出版家的利益。联合书店资本既大，其股票势必在股票市场流通，艳羡联合书店的利润者尽可购买其股票，取得股东乃至董事监察人之资格。"如此一来，便形成了资本与人才在一定程度上的良性循环，对书店的壮大发展具有反哺作用。

在文章末尾，夏丏尊放眼书业未来，持乐观心态：

> ……胜利以后，书业被一班敏感者认为大有希望的事业。他们以为西南西北各省教育远较战前发达，且台湾、东北重新收复，营业范围可大加开拓，别种商品将来都有舶来外货与之竞争，而书籍则不致遭逢外来劲敌。不错，书业的前程确是远大的，问题就在书业自身怎样去迎合这远大的前程。
>
> 笔者怀此意见已久，平日言谈所及，知同业中亦不乏共鸣之士，整个正在着手复兴。改弦易辙，奋发向上，今正其时。笔者此文就算是一个公开的提议。①

总体而言，夏丏尊希望今后出版业将发行和出版这两块机构剥离开来，各负其责，各司其职，从而把全国的发行机构整合统一，这是很有前瞻性的建议，实际上提出了一个业界从未提过的全新观点，即出版与发行的分立。中国自 1897 年商务印书馆诞生，直至解放战争前，无人或团体尝试过"但以发行为业务"的图书批发机构或代销机构。该倡议提出半年后，全面内战爆发，自然不可能存在其实际操作的机会。到了新中国成立初期，胡愈之先生提出出版与发行应当分工的建议，实际内容与夏丏尊的观点如出一辙，甚至连改革后出书的机构一律改称出版社，卖书的机构统称书店，细节上都相同。时光已过去了四年之久，夏丏尊未竟的愿望，终在新中国实现。

---

① 夏丏尊：《中国书业的新途径》，《夏丏尊文集》（平屋之辑），浙江人民出版社 1983 年版，第 360—364 页。

五、丐翁长逝

长期超负荷的文字工作，特别是上海沦陷后的遭遇，致使夏丏尊的身体每况愈下，但他依然每天挤电车去开明书店上班，编辑稿件。1945 年 11 月 1 日，夏丏尊遇到赵景深并向其征稿，赵景深感觉他的身体大不如前，但未曾想到，这居然是最后一面。

夏丏尊晚年的身体是病态的肥胖，到了生命的最后半年，人变瘦了，气色很灰暗，精神也不振。营养不良，心境忧郁，劣质纸烟抽得很多，都是其身体衰弱的原因。他于 1946 年 1 月间发病，肋膜炎兼肺结核加剧，不能出门，但依然坚持写作，完成了学术性很强的专论《双声词语的构成方式》，发表在当年 3 月 20 日出版的《国文月刊》第 41 期上，这是目前可见的他的最后一篇文章。这篇文章的资料经过多年搜集，构思也早已成熟，但他仍然写了好几稿。他曾有志编纂一部完整的中国文法，可惜贫病交加的处境令他壮志未酬。

1946 年 3 月时，夏丏尊还能在床边坐坐。有一次，学生于在春[①]在他家闲谈，他从小书橱里抽出一卷仿古纸的印件，展开来看，是日本藏的碛砂版心经的影印本，他检出一张送给于在春，重新卷好，复又打开来，检出一张宣纸的印着"宋版般若心经"并"大藏出版会社藏碛砂版一切经中之一"朱印的题签，也送给于在春。此后，便卧床不起。

夏丏尊去世前的四五天里，内山完造见了他最后一面。当时上海的日侨集中居留在一起，等候遣送回国，内山完造也不能例外，出行

[①]　于在春（1909—1993），中国现代语文教育家。

因此极其不便。他清楚夏丏尊业已病重，特地请假，带着翻译，来夏宅拜访并告别。

4月22日上午，叶圣陶去看望夏丏尊。二人分别的时候，夏丏尊望了叶圣陶一眼，勉力说："胜利，到底啥人胜利——无从说起！"虽然舌头有些发木，声音还听得清楚。那凄苦的眼神带着他平生的悲悯，使叶圣陶恻然伤怀。

1946年4月23日晚21时45分，夏丏尊在上海霞飞路家中溘然而逝，终年61岁。①

丏翁病重及至逝世，引起了出版界、教育界、文学界乃至学术界的一片惋惜之声。通过彼时各种刊物的报道，不难看出夏丏尊在众人眼中的形象与地位。

《世界晨报》于当年4月20日刊发题为《夏丏尊危笃》的文章："文坛前辈夏丏尊先生，自太平洋战争后被敌宪兵队拘捕后，忧愤成疾，身躯渐见衰弱，今春稍见起色，已能出外访客。但半月前天时不正，病又加剧，数日来日见严重，昨日已至昏迷状态。据医云：殆已无康复之望。"

《前线日报》非常关注夏丏尊之临终遗言，其特以《文化前辈又弱一个，临终犹叹胜利为谁》为副标题，强调"夏氏富于正义感，坚持岗位，数十年如一日，对国内政治腐败情形深致愤慨，临终前二

---

① 《王伯祥日记》载，"4月25日，公司（开明书店）为丏尊之丧停业志哀，全体同人九时前俱到，十时后吊客络绎。午后三时半殡仪开始，余为定仪节如次：一，家属举哀；二，哀止；三，家属及来宾绕灵瞻视；四，恭扶遗体入殓；五，家属祭拜；六，来宾全体肃立致敬；七，恭送灵柩发引。四时礼毕，灵輀即驶往鲁班路康衢路法藏寺化身窑安葬，两星期后请高僧举火，盖依遗命也"。张廷银、刘应梅整理：《王伯祥日记》第九册，中华书局2020年版，第3789页。

日，气息奄奄，犹语其知友叶圣陶氏之'胜利，到底是谁的胜利！'可见其内心矣"①。该报还特意在头版借夏氏临终遗言向政界诸公提出厉声质问：

> 我们对于夏氏临终时的愤语："胜利胜利，究竟是谁的胜利？"寥寥几句，感觉万千！不学无术、因缘时会的人，可以大发国难财胜利财，而一代名作家，竟不免贫病交迫以死，这个社会还要得么？有感近乎世纪末的我国现状，"以礼义为干橹，恃笔楮作戈矛"的人太少了。夏氏之逝，又弱一个，我们能放弃时代所给予的机会吗？②

对于夏丏尊的疑问，叶圣陶先生代表《中学生》杂志社同人给出了令人动容而不失坚毅的回答：

> 说这话以前，他（夏丏尊）已曾昏迷过好几回，说这话的时候却是清醒的，病容上那副悲天悯人的神色，令人永远不忘。胜利消息传来的那一夜他兴奋的睡不成觉，在八个月之后，在他逝世的前一天，却勉力挣扎说出这样的话来，可见几个月来他的伤痛很深。他那伤痛不是他个人的，是我国全体老百姓的，老百姓经历了耳闻目睹以及身受的种种，谁不伤痛，谁不想问一声"胜利，到底啥人胜利？"自私自利的那批家伙太可恶了，他们攘夺

---

① 《夏丏尊逝世——文化前辈又弱一个，临终犹叹胜利为谁》，《前线日报》1946 年 4 月 25 日。

② 《悼夏丏尊》，《前线日报》1946 年 4 月 25 日。

了老百姓的胜利，以致应分得到胜利的老百姓得不到胜利。但是我们要虔诚的回答夏先生，胜利终会属于老百姓的，这是事势之必然。老百姓要生活，要好好的生活，要物质上精神上都够得上标准的生活，非胜利不可。胜利不到手，非努力争取不可。努力复努力，争取复争取，最后胜利属于老百姓。夏先生，你安心的休息吧，待你五年祭十年祭的时候，我们将告诉你老百姓已经得到了胜利的消息。①

正如叶圣陶所预计的，三年后，中华人民共和国屹立于世界版图之上，"胜利"终究属于人民。

4月27日，重庆《新华日报》发表社论《悼夏丏尊先生》，其中写道：

丏尊先生数十年来，努力文化运动和民主运动，曾建树不可磨灭的功勋。留居上海，坚持孤岛的文化工作，对敌伪进行了艰苦的文化斗争，太平洋战争爆发后，先生于三十二年（1943年）被敌伪逮捕，迫其屈服，但先生在威胁利诱之下，正气凛然，屹然不动。敌伪虽然狡黠残酷，亦无可奈何，这真是可以说是贫贱不能移，富贵不能淫，威武不能屈了……现在，抗战虽已结束，但法西斯反动派正在勾结敌伪残余势力，进行内战，反对民主，摧残文化，中国要走上光明的前途，还需要经过更残酷、更艰苦的斗争，还需要作为一个民主文化战线上的老战士的先生来领导这一斗争。然而先生竟逝世了！这实在是

---

① 叶圣陶：《夏丏尊先生逝世》，《中学生》1946 年第 175 期。

民主阵营的一大损失！　①

　　这篇社论，是对夏丏尊先生的一生所作的最有权威性的评说。

　　对逝者最好的纪念，莫过于借助一种形式，使其可贵的精神得以延续和长存。基于此念，夏丏尊生前挚友专门设置了夏丏尊纪念金。据《中华时报》报道，"夏氏一生，在著名之大、中学校担任教职，培植子弟何止千万，对中国语文教学有甚大之贡献，渠之挚友拟发起募集'夏先生纪念金'。此项纪念金，用作专任教职十年以上，成绩卓著，对于语文教学上获有创之中国文学教师，其名额视子金多寡而定，但每年至少可有二人获得云"。② 次年，便有来自江苏省立松江女中的姚韵漪和浙江省立温州中学教师陈逸人二位获此殊荣。③

　　至于挚友亲朋的缅怀文字，实不胜枚举，其中最为传神的，恐姜丹书的一段文字：

　　　　赞曰：士穷见节义，岁寒知后凋。夏先生曩曾不见谅于俗人，而今当无间言矣。若能以先生清介之风，推之于人人，则举世非人之事，皆可廓而清之矣。今也，长松（经）先折，晚晴（李）继寂，而先生又已逝矣！高山无语，流水不回，人往风微，吾谁与归？（经亨颐先生长松山房及弘一大师晚晴院皆在上

----

　　① 《悼夏丏尊先生》，《新华日报》1946 年 4 月 27 日。
　　② 《一代大教育家夏丏尊追悼会昨日在玉佛寺举行，募集夏先生纪念金》，《中华时报》1946 年 6 月 3 日。
　　③ 《夏丏尊纪念奖金姚韵漪、陈逸人获得》，《大公报》1947 年 4 月 13 日。

虞白马湖边与先生平屋为邻) ①

夏丏尊先生之平生风范，洵无愧于此赞文！

---

① 姜丹书：《夏丏尊先生传略》，载夏弘宁主编：《夏丏尊纪念文集》，浙江省上虞市文学艺术界联合会 2001 年版，第 9 页。

夏丏尊编辑出版大事年表

1886 年

6 月 15 日，出生于浙江省上虞县崧厦镇。小名钊君、阿钊，名铸，初字勉旃，1912 年改字丏尊，号闷庵。

1913 年　27 岁

浙江第一师范学堂校友会成立，夏丏尊被推选为校友会文艺部部长，组织学生创办《校友会志》，经常在该刊发表诗文，如《学斋随想录》。

同年 5 月，李叔同以校友会的名义，创办了我国近代以来最早的艺术教育类校刊——《白阳》。夏丏尊与李叔同一道编辑此刊。

1919 年　33 岁

与浙江一师的学生一道编辑浙江教育会下属刊物《教育潮》和浙一校友会刊物《校友会十日刊》，此间发表了《教育的背景》、《机械》、《家族制度与都会》、《"的"字的用法》、《一九一九年的回顾》、《儿童的游戏》、《入学训辞》等文章或评论。

10月10日，在夏丏尊等人的关心协助下，由浙江青年学子主办的《双十》旬刊问世。其后学子们组建了中国现代史上最早在学校建立的文学社团——"浙江新潮社"，并将《双十》旬刊改为《浙江新潮》周刊。

1921年　35岁

初夏，夏丏尊与陈独秀、李大钊、李达、周作人、李季、李汉俊、沈玄庐、周佛海、邵力子、沈雁冰、陈望道、戴季陶、周建人、经亨颐等人筹建了新时代丛书社。

秋，加入文学研究会，入会编号是55号。

1922年　36岁

3月，与李继桢合译日本高畠素之的著作《社会主义与进化论》，列为"新时代丛书"书目，由商务印书馆出版。

10月，与刘薰宇、赵友三等创办《春晖》半月刊，出任该刊首位出版主任。

12月，所撰《中国文字上所表现的女性的地位》刊于《民国日报》副刊《妇女评论》第12期。

1923年　37岁

开始翻译意大利作家埃德蒙多·德·亚米契斯的《爱的教育》，边译边连载于《东方杂志》。

1924年　38岁

译作《女性中心说》由上海民智书局出版。

1925 年　39 岁

3 月，立达学会于上海成立，夏丏尊是主要发起人兼主干。与匡互生等创办《立达》季刊。

1926 年　40 岁

3 月，译作《爱的教育》由商务印书馆出版。之后再版，改由开明书店印行，列入"世界少年文学丛刊"。

8 月，开明书店成立，夏丏尊参与编辑工作。

8 月，夏丏尊在湖南第一师范和春晖中学授课时编写的讲义，经刘薰宇补充修订，以《文章作法》为名由开明书店出版。

9 月，主编新创刊的立达学会同人刊物《一般》。

1927 年　41 岁

8 月，译作《国木田独步集》由上海文学周报社出版，开明书店发行。

12 月，与章克标等译《芥川龙之介集》由开明书店出版。

年底，辞去《一般》主编职务，由方光焘接任。

1928 年　42 岁

年初，被章锡琛聘为开明书店总编辑。

11 月，论著《文艺论ABC》由上海世界书局出版，列为"ABC丛书"之一。译作《近代恋爱观》由上海开明书店出版，列为"妇女问题研究会丛书"之一。

年底，再次接手《一般》主编工作。

1929 年　43 岁

3 月，开明书店股份有限公司正式成立，夏丏尊任编译所长。

应国民政府教育部小学课程标准委员会之请，赴南京参加小学国语课程修订工作。

年底，《一般》杂志停刊，共计出版 36 期。

1930 年　44 岁

1 月，《中学生》杂志创刊。夏丏尊与章锡琛、丰子恺、顾均正负责杂志主编工作，担纲撰写发刊辞——《"你须知道自己"》。

3 月，译作《续爱的教育》（意大利孟德格查著）由开明书店出版，列入"世界少年文学丛刊"。

1931 年　45 岁

12 月，夏丏尊与郁达夫、胡愈之、丁玲等二十余人发起成立上海市文化界反帝抗日联盟，被推举为执行委员，并担任抗日联盟机关刊物《文化通讯》编辑。

1932 年　46 岁

开明书店和立达学园在一·二八事变中蒙受惨重损失。日寇撤退后，夏丏尊到立达学园察看被炸现场，捡回一块炸弹裂片，作为惨痛历史之见证。

1933 年　47 岁

夏丏尊与叶圣陶合著《文心》，在《中学生》上连载。

1934 年　48 岁

6 月，参加以《乒乓世界连环两周刊》征稿为名召开的座谈会，作《先使白话文成话》一文。《文心》单行本由开明书店出版。

1935 年　49 岁

12 月,《平屋杂文》由开明书店出版,所收历年撰写评论、小说、随笔共计 33 篇。

1936 年　50 岁

1 月,《新少年》半月刊创刊,夏丏尊任社长。

6 月,中国文艺家协会成立,夏丏尊与茅盾、傅东华、洪深、叶圣陶、郑振铎、徐懋庸、王统照等当选为理事。

8 月,为纪念开明书店创业十周年,夏丏尊负责编辑《十年》和《十年续集》,并为《十年》作序,为《十年续集》写了小说《流弹》。

10 月 1 日,夏丏尊与鲁迅、郭沫若、巴金、王统照、包笑天、沈起予、林语堂、洪深、周瘦鹃、茅盾、陈望道、张天翼、傅东华、叶绍钧、郑振铎、郑伯奇、赵家璧、黎烈文、谢冰心、丰子恺共 21 人签名发表《文艺界同人为团结御侮与言论自由宣言》。

10 月 19 日,鲁迅逝世。夏丏尊和叶圣陶赶往鲁迅寓所吊唁,并在已发排的《中学生》和《新少年》杂志上,临时增加悼念鲁迅的文章和照片。

12 月,所撰写的《鲁迅翁杂忆》刊载在上海《文学》月刊第 7 卷第 6 期上。

1937 年　51 岁

1 月,《月报》创刊,夏丏尊任社长。

7 月,上海编辑人协会成立,夏丏尊被选为候补理事。

8 月,任上海文化界救亡协会机关报《救亡日报》编委。

1938 年　52 岁

4 月,夏丏尊与叶圣陶合著的《阅读与写作》和《文章讲话》列入“开明青年丛书”,由开明书店出版。

1939 年　53 岁

1 月，夏丏尊与傅东华、胡朴安、陈望道、章锡琛等在上海发起组织中国语文教育年会。

1945 年　59 岁

12 月，夏丏尊撰写的《中国书业的新途径》发表在《大公报》上。

1946 年　60 岁

4 月 23 日晚 21 时 45 分，夏丏尊在上海逝世。

参考文献

夏丏尊：《夏丏尊文集》三卷本，浙江文艺出版社1984年版。

（意大利）亚米契斯：《爱的教育》，夏丏尊译，华东师范大学出版社1995年版。

北京师范大学校史资料室编：《匡互生与立达学园》，北京师范大学出版社1985年版。

曹聚仁：《文坛三忆》，生活·读书·新知三联书店1999年版。

陈星：《白马湖作家群》，浙江文艺出版社1998年版。

陈星编：《丰子恺全集》，海豚出版社2016年版。

春晖中学校庆纪念委员会编：《春晖中学六十周年校庆纪念册》，1981年版。

傅红英：《夏丏尊评传》，中国社会科学出版社2012年版。

葛晓燕、何家炜编著：《夏丏尊年谱》，中国文史出版社2012年版。

海宁档案局整理：《宋云彬文集》，中华书局2015年版。

蒋梦麟：《西潮·新潮：蒋梦麟回忆录》，新星出版社2016年版。

经亨颐：《经亨颐日记》，浙江古籍出版社1984年版。

李叔同：《弘一法师全集》，新世界出版社 2013 年版。

连光枢纂修：《松夏志》，民国二十年（1931）枕湖楼铅印本。

林正范主编：《杭州师范大学百年史稿》，浙江教育出版社 2008 年版。

《鲁迅全集》，人民文学出版社 2005 年版。

茅盾：《我走过的道路》，人民文学出版社 1981 年版。

欧阳哲生、郝斌主编：《五四运动与二十世纪的中国》，社会科学文献出版社 2001 年版。

欧阳哲生主编：《傅斯年全集》，湖南教育出版社 2003 年版。

商金林：《叶圣陶年谱长编》第二卷，人民教育出版社 2004 年版。

商金林：《中国出版家·叶圣陶》，人民出版社 2017 年版。

沈自强主编：《浙江一师风潮》，浙江大学出版社 1990 年版。

王利民：《平屋主人——夏丏尊传》，浙江人民出版社 2005 年版。

王知伊：《开明书店纪事》，书海出版社 1991 年版。

夏弘宁：《夏丏尊传》，中国青年出版社 2002 年版。

夏弘宁主编：《夏丏尊纪念文集》，浙江省上虞市文学艺术界联合会 2001 年版。

叶至善、叶至美、叶至诚编：《叶圣陶集》，江苏教育出版社 2004 年版。

张静庐：《在出版界二十年》，江苏教育出版社 2005 年版。

张堂錡编：《夏丏尊》，三民书局 2006 年版。

张廷银、刘应梅整理：《王伯祥日记》，中华书局 2020 年版。

章雪峰：《中国出版家·章锡琛》，人民出版社 2016 年版。

赵景深：《文坛忆旧》，三晋出版社 2015 年版。

浙江省上虞市政协文史资料委员会编：《白马湖文集》，1993 年版。

政协上虞县委员会文史工作委员会编：《上虞文史资料纪念夏丏尊专辑》，1986 年版。

中国出版工作者协会编：《我与开明》，中国青年出版社 1985 年版。

《朱自清全集》，江苏教育出版社 1996 年版。

程稀：《夏丏尊语文教育思想研究》，华东师范大学 2008 年博士学位论文。

傅红英：《论夏丏尊作为白马湖散文代表的创作精神与艺术诉求》，《绍兴文理学院学报》2017 年第 1 期。

郭玉凤：《夏丏尊读写结合语文教学理念研究》，集美大学 2020 年硕士学位论文。

汲安庆：《科学活用　文质彬彬——夏丏尊语文教材编制思想研究》，《西华师范大学学报（哲学社会科学版）》2019 年第 5 期。

汲安庆：《求用·求美·求在——夏丏尊语文教育思想研究》，福建师范大学 2016 年博士学位论文。

汲安庆：《调和发达　成"人"之美——试析夏丏尊的语文课程观》，《教育研究》2018 年第 2 期。

兰丽平：《〈一般〉杂志办刊研究》，浙江工商大学 2017 年硕士学位论文。

李兴洲：《爱的教育：夏丏尊的教育思想与实践》，《河北师范大学学报（教育科学版）》2010 年第 11 期。

刘东方、程莹：《论夏丏尊的编辑观》，《出版发行研究》2016 年第 1 期。

刘正伟、王荣辰：《夏丏尊与现代语文教学理论的建构》，《课程·教材·教法》2019 年第 1 期。

刘正伟、王荣辰：《现代语文教学知识建构的逻辑学参与——以夏丏尊为中心的考察》，《湖南师范大学教育科学学报》2019 年第 3 期。

刘正伟：《夏丏尊清末留学日本事迹考》，《宁波大学学报（教育科学版）》2019 年第 5 期。

魏杰：《现代文章学奠基人之一——夏丏尊》，《殷都学刊》1988 年第 4 期。

颜淑兰：《论夏丏尊对芥川龙之介〈中国游记〉的翻译》，《中国现代文学研究丛刊》2018 年第 4 期。

张伟平：《试论教育家夏丏尊的青少读物出版理念及价值》，《出版发行研究》2013年第7期。

张霞丹：《〈中学生〉杂志（1930—1937）的写作思想及其启示》，内蒙古师范大学2018年硕士学位论文。

张直心、王平：《"无中生有"的校园风景——夏丏尊在浙江省立第一师范学校》，《杭州师范大学学报（社会科学版）》2011年第6期。

庄艺真：《论夏丏尊的出版育人思想》，《福州大学学报（哲学社会科学版）》2021年第3期。

《春晖》

《一般》

《中学生》

《申报》

《民国日报》

《东方杂志》

后　记

　　作为民国著名学人，夏丏尊给予世人的印象与身份定位大致有二：教育家与出版家。进而言之，夏先生的一生，扎根于教育和出版事业，为众多青年人指点迷津，为开明书店开疆拓土，是真诚的教育者，是务实的出版人，是淡泊的写作者，可谓教育和出版各得其半。笔者也是按照夏丏尊先生先入教育界，后兼任编辑，最终投身出版事业的人生轨迹去把握与描绘他的人生经历的。基于此，本书虽然是一部研究出版家的作品，但如果强行将夏先生的教育事业与出版事业分开，显然是不合适的，二者实际上是互相补益、融为一体的关系。如果没有在浙江一师、春晖中学、立达学园等教育场所的长年实践，夏先生恐怕不可能精准把握教育出版的关键之处；如果没有开明书店这样的优质平台，夏先生或许也不会推出一系列在中国教育史上留下浓墨重彩的著作。可以说，教育与出版，就是构筑夏丏尊先生出版家底色的两大资源，犹如鸟之两翼，车之双轨，合则双美，离则两伤。恰如新闻学家徐盈先生所评论的，"夏老以教育家的身份办书店，以文会友，因材施教，网罗一批能为'人师'的人，用谈心的笔调向年青人传授知识"①。

长期以来，众多学术文章对夏丏尊先生人生底色的研究，似乎还跳不出既有的模式，缺乏更多元角度的切入与更立体视野的观照。在写作过程中，我一直在思考两个问题：

第一，如何在近代教育转型与知识制度重建的大背景中去审视夏丏尊的角色定位？

第二，如何在近代知识生产、出版产业形成与思想启蒙的复杂交织中来评估夏丏尊的作为？

或许，我们不妨如此换个思路，以便发现一个与我们印象中有些不一样，却愈发真实的夏丏尊。当然，很多现代出版人物，都值得也需要经历一个再发现的过程。唯有如此，才能真正达到当初赵朴初先生在夏丏尊先生诞辰一百周年时所撰古体诗中的期望：

弹指百岁过，德音永无已。

拙作从领命撰写，到最终形成如今的模样，前后历时六载，其间曲折实难道出。首先感谢人民出版社贺畅老师、卓然女士，他们以一万分的耐心包容了我的拖沓与懈怠，每忆及此，愧悔万分。同时感谢北京大学商金林先生的谆谆教导与真诚批评。2019 年春天的下午，在茶室里与商老的一番谈话，令我大致悟到了出版家传记的应有写法，才有了后来此书的框架与规模。要特别感谢的，是我的妻子江珂

———————
① 徐盈：《从我应试作文说起》，载中国出版工作者协会编：《我与开明》，中国青年出版社 1985 年版，第 92 页。

和女儿悦和。她俩见证了这本书的孕育、萌生、成长、阵痛与出品。凡遭遇瓶颈乃至无望时，妻子的宽慰与女儿的笑声，总会伴我渡过难关。将这本饱含"爱的教育"理念的传记送给你们！

王学斌

二〇二一年六月

统　　筹：贺　畅

责任编辑：卓　然

封面设计：肖　辉　姚　菲

版式设计：汪　莹

图书在版编目（CIP）数据

中国出版家.夏丏尊/王学斌 著.—北京：人民出版社，2022.8

（中国出版家丛书/柳斌杰主编）

ISBN 978－7－01－022955－3

I.①中…　II.①王…　III.①夏丏尊（1886—1946）－生平事迹　IV. K825.42

中国版本图书馆 CIP 数据核字（2022）第 264562 号

中国出版家·夏丏尊

ZHONGGUO CHUBANJIA XIA MIANZUN

王学斌　著

人民出版社 出版发行

（100706　北京市东城区隆福寺街 99 号）

北京盛通印刷股份有限公司印刷　新华书店经销

2022 年 8 月第 1 版　2022 年 8 月北京第 1 次印刷

开本：710 毫米 ×1000 毫米 1/16　印张：14.75

字数：182 千字

ISBN 978－7－01－022955－3　定价：60.00 元

邮购地址 100706　北京市东城区隆福寺街 99 号

人民东方图书销售中心　电话（010）65250042　65289539